Ayuno Intermitente

Un enfoque simple y comprobado del estilo de vida del ayuno intermitente. quema grasa y desarrolla tus músculos comiendo lo que quieras

Ayuno Intermitente

© **Copyright 2019 por Mark Evans - Todos los derechos reservados.**

El siguiente libro se reproduce a continuación con el objetivo de proporcionar información lo más precisa y confiable posible. En cualquier caso, la compra de este libro puede considerarse como un consentimiento para el hecho de que tanto el editor como el autor de este libro no son expertos en los temas discutidos en este documento, y que cualquier recomendación o sugerencia que se haga es solo para fines de entretenimiento. Se debe consultar a los profesionales según sea necesario antes de emprender cualquiera de las acciones aquí mencionadas.

Esta declaración se considera justa y válida tanto por la American Bar Association como por el Comité de la Asociación de Editores y es legalmente vinculante en todos los Estados Unidos.

Además, la transmisión, duplicación o reproducción de cualquiera de los siguientes trabajos, incluida la información precisa, se considerará un acto ilegal, independientemente de si se realiza de forma electrónica o impresa. La legalidad se extiende a la creación de una copia secundaria o terciaria del trabajo o una copia grabada y solo se permite con el consentimiento expreso por escrito del Editor. Todos los derechos adicionales son reservados.

La información en las siguientes páginas se considera, en términos generales, como una descripción veraz y precisa de los hechos, y como tal, cualquier desatención, uso o mal uso de la información en cuestión por parte del lector hará que las acciones resultantes sean únicamente de su competencia. No hay escenarios en los que el editor o el autor original de este trabajo puedan ser considerados responsables de cualquier dificultad o daño que pueda ocurrirles después de realizar cualquier acción con la información aquí descrita

Además, la información que se encuentra en las siguientes páginas tiene únicamente fines informativos y, por lo tanto, debe considerarse universal. Como corresponde a su naturaleza, la información presentada es sin garantía con respecto a su validez continua o calidad provisional. Las marcas comerciales que se mencionan se realizan sin consentimiento por escrito y de ninguna manera pueden considerarse un respaldo del titular de la marca comercial.

Tabla de Contenido

Introducción 4

Parte I: Todo Lo Que Necesitas Saber Sobre El Ayuno Intermitente 6

Capítulo 1: La práctica del Ayuno Intermitente .. 7

Capítulo 2: El Ayuno Intermitente 12

Capítulo 3: Beneficios Del Ayuno Intermitente 22

Capítulo 4: Ayuno Intermitente: La Clave Para Una Pérdida De Peso Saludable Y Crecimiento Muscular 29

Capítulo 5: Tipos De Ayuno Intermitente 39

Parte II: Guía Completa Para El Ayuno Intermitente 60

Capítulo 6: Tomando Acción 61

Capítulo 7: El Protocolo Del Principiante 70

Capítulo 8: La Guía Complementaria 81

Parte III: Sección Complementaria 89

Capítulo 9: Alimentos Y Líquidos En Ayunas ... 90

Capítulo 10: Recetas Para Los Hambrientos 99

Conclusión 109

Introducción

Si eres un ávido buscador de métodos y técnicas que, con suerte, crees que te ayudarán a alcanzar la figura y la salud del cuerpo que deseas, es posible que ya te hayas encontrado con varios términos asociados con la dieta y el entrenamiento, como la dieta Atkins, la dieta cetogénica, la terapia con agua y el entrenamiento físico.

En realidad, hay muchos más términos y cada uno de ellos probablemente se había convertido en una figura buscada al menos una vez. Pero, existe este método que se está volviendo cada vez más prominente en estos días, ya que continúa a demostrar su efectividad no solo para la pérdida de peso sino también para la salud general de un individuo: el ayuno intermitente.

¿Qué pasa si te digo que perder peso no es necesariamente una cuestión de "lo que comes", sino una cuestión de "cuándo comes?"". En este libro, descubrirás qué es el ayuno intermitente y por qué las personas que dependían de varios métodos de dieta antes están optando gradualmente por este método.

Este libro te guiará a lo largo de tu viaje; desde aprender todo sobre el ayuno intermitente hasta aplicar el método a tu estilo de vida. Descubrirás los beneficios del método no solo como una forma de perder grasa, sino también como un medio para mejorar ciertas funciones en tu salud. También hay una guía completa paso a paso que te brindará toda la ayuda que necesitas para que puedas comenzar tu nuevo programa de pérdida de peso.

¡Prepárate para los grandes cambios en tu estilo de vida y prepárate para los resultados masivos que te esperan, mientras das tu primer paso en este viaje hacia una pérdida de peso saludable!

Parte I:
Todo Lo Que Necesitas Saber Sobre El Ayuno Intermitente

Capítulo 1: La práctica del Ayuno Intermitente

El ayuno ha sido uno de los métodos más destacados de pérdida de peso desde que se introdujo en nuestra historia. Hasta hoy, hay muchas personas que prefieren usar el método del ayuno para perder peso, ya que creen que es la mejor manera de perder peso. Algunos de los que han demostrado la eficacia del ayuno incluso lo llaman un "truco de la vida", ya que proporciona el resultado que desean sin ningún costo.

Sin embargo, hay varias afirmaciones que desacreditan el método y prueban lo contrario a lo que se dice de su efecto. Algunos nutricionistas dicen que el ayuno no es saludable y no debe promoverse al público, ya que puede causar deficiencias nutricionales y otros problemas relacionados con la salud. A pesar de esto, todavía hay personas que consideran que el ayuno es una manera excelente y fácil de perder peso. Pero, ¿el ayuno es realmente solo una cuestión de no comer para reducir el peso corporal?

El ayuno, en su definición más pura, es la abstinencia de consumir alimentos, bebidas o ambos durante un cierto período de tiempo. Durante las primeras edades, cuando las diferentes religiones todavía luchaban por tierras, personas y creencias, no se consideraba una forma de dieta; pero en cambio, una práctica para probar la fe de uno al dios de cualquier religión que un hombre creyera. Fue más una obediencia que una práctica relacionada con la salud.

Hoy en día, el ayuno todavía está asociado con las religiones existentes y todavía se considera parte de las prácticas religiosas. En el budismo, los monjes y las monjas acatan estrictamente las reglas de Vinaya. No comen después de la comida del mediodía y se adhieren a esta práctica todos los días. Bajo el cristianismo, la práctica del ayuno está vinculada a los pasajes expresamente escritos en el libro bíblico de Isaías. Allí, se dice que el ayuno no es solo una mera abstinencia de alimentos o agua, sino también una decisión de obedecer completamente los mandamientos de Dios. Y en el Islam, los musulmanes creen que, aparte de la abstinencia de alimentos, la práctica del "ayuno" también implica evitar actuar y hablar con mentiras.

En el contexto de la fisiología y la salud, el ayuno se refiere simplemente al estado metabólico de una persona cuando no ha comido durante la noche. Es el estado metabólico después de que una persona logra la digestión completa y la absorción de la comida. Por lo general, ocurre durante el sueño, ya que esta es la fase en la que el cuerpo no recibe nada y, por lo tanto, se centra solo en la digestión completa. A partir de esta misma descripción, podemos decir que el ayuno no es solo uno de los miles de métodos para perder peso. En realidad, es un fenómeno normal que le sucede a todas las personas, todos los días.

Al igual que cualquier otra práctica relacionada con la mejora de la salud y la dieta, los efectos del ayuno intermitente difieren de una persona a otra, dependiendo de una variedad de factores como la edad de una persona, la medicación que está tomando actualmente, sus problemas de salud existentes si hay alguno, y la respuesta del cuerpo al hambre. No obstante, el ayuno todavía ha demostrado su propia importancia en el campo de la medicina y el estudio médico .

Existen distintos tipos en los que generalmente se clasifican las diferentes formas de ayuno, tenemos:, el ayuno en seco, el ayuno con agua, el ayuno para tener un diagnóstico y el ayuno intermitente. Todos estos tipos usan la abstinencia de alimentos o agua, pero varían en sus propósitos.

Ayuno Absoluto

Un ayuno absoluto (también conocido como ayuno seco) es la abstinencia completa de alimentos y líquidos que dura comúnmente 24 horas. Este tipo de ayuno puede extenderse aún más hasta un par de días. Esta suele ser una práctica realizada con fines religiosos.

Ayuno con Agua

Este tipo de ayuno es casi como un ayuno absoluto, excepto que permite el consumo de agua potable durante el período de ayuno; pero aparte del agua potable, todos los demás líquidos están prohibidos. Se cree que este tipo de ayuno es practicado por algunas personas para "limpiar" sus cuerpos. El método de dieta más común asociado con este tipo es la terapia de agua que ha demostrado ser efectiva en los procedimientos de pérdida de peso.

Ayuno para Tener un Diagnóstico

El ayuno para tener un diagnóstico es un ayuno apoyado por médicos. Técnicamente es una parte del procedimiento médico realizado como una medida de observación previa.Es un ayuno recomendado y realizado por personas que se someten o se someterán a una investigación médica con respecto a ciertos problemas de salud como la hipoglucemia. Algunos procedimientos también requieren un ayuno para tener un diagnóstico antes del chequeo real, como en una colonoscopia.

Ayuno Intermitente

El ayuno intermitente es el tipo de ayuno que no es absoluto ni se realiza con fines de diagnóstico. Se ve como una ayuda en la dieta y se ha demostrado su eficacia para quemar grasas, desarrollar músculo y controlar la ingesta nutricional. Esto se discutirá detalladamente en los siguientes capítulos.También hay una sección que te guiará sobre cómo realizar el ayuno intermitente correctamente y las cosas complementarias que te ayudarán a lograr mejores resultados. ¿Entonces, Qué esperas? ¡Pasemos al siguiente capítulo!

Capítulo 2: El Ayuno Intermitente

Dicen que una manzana al día mantiene alejado al médico, pero consumir como siete o más manzanas cada día ya no está cubierto por este dicho dorado.

Comer muchos alimentos saludables seguramente puede proporcionar cambios dramáticos en tu salud general. Sin embargo, "muchos" de estos alimentos a veces podrían ser "demasiado" para tu cuerpo y ya no podrías responder adecuadamente ; sí, incluso con aquellos alimentos que son venerados como los más saludables. Es ahí cuando entra el ayuno intermitente, promoviendo la regulación nutricional y el control de la dieta.

Pero, ¿qué es exactamente el ayuno intermitente? El ayuno intermitente es un horario de alimentación o dieta que sigue un ciclo de períodos alternos de comer y no comer. Una persona que practica el ayuno intermitente, básicamente, se rige por un horario que divide el día o la semana en períodos de ayuno y alimentación que se siguen a intervalos regulares.

Por ejemplo, en un horario de ayuno intermitente basado en una semana, una persona puede asignar sus lunes, miércoles y sábados como períodos de ayuno, lo que significa que no debe comer en esos días; y luego sus domingos, martes, jueves y viernes como sus períodos de comida.

Asignar horarios para el ayuno intermitente puede ser tan simple como cada dos días, o tan complejo como una combinación de ayuno basado en la semana y en el día: en un ayuno basado en el día, una persona divide su marco de tiempo diario en períodos de comida y ayuno. En cualquier caso, el ayuno intermitente no es realmente una idea nueva para el cuerpo.

Como se mencionó una vez en el capítulo anterior, el tiempo en que una persona duerme ya puede considerarse como tiempo de ayuno. Esto se debe a que las propiedades digestivas del cuerpo no tienen ninguna sustancia nueva para digerir durante el sueño; por lo tanto, se detienen justo después de terminar completamente la digestión. La idea del ayuno intermitente es simplemente extender esta porción de tiempo y retener el estado "vacío" del estómago hasta la próxima hora programada para comer. Es casi como dormir por un período más largo.

Cómo se hace el ayuno intermitente

Digamos, por ejemplo, que planeas comenzar a practicar un ayuno intermitente basado en el día. Lo primero que quieres saber es cuánto tiempo debe durar tu período de ayuno en cada día. Idealmente, el período de ayuno apropiado debe ser de 15 a 16 horas al día; esto te deja de nueve a ocho horas para tu período de alimentación. El tiempo restante de ocho o nueve horas debe ser estrictamente el único momento en que se te permite comer. La mayoría de los que practican el ayuno intermitente generalmente fijan dos comidas para esta duración.

Ahora que conoces tanto tu período de alimentación como el período de ayuno, debes elegir a qué hora debes comenzar y finalizar cada período. Si estás familiarizado con los planes y protocolos de dieta para bajar de peso, probablemente sepas que el mejor momento para preparar la cena es a las siete u ocho de la noche. Digamos que preparas la cena a las siete de la noche, contando ocho horas a partir de las 7 pm, tendrás las 11 am. Esto significa que tu período de alimentación debe comenzar a las 11 de la mañana y debe terminar a las siete de la noche. El resto de las horas que no están cubiertas por tu espacio para comer debe ser un período de no comer y no beber. Si normalmente te despiertas a las 8 am, entonces debes saltar el desayuno, tomar tu almuerzo a las 11 am, cenar a las 7 pm y dormir a la hora que generalmente te acuestas.

Ciencia e investigación médica

Ya se realizaron varios estudios para examinar la efectividad y la seguridad del ayuno intermitente. La mayoría de los resultados de estos estudios de investigación mostraron resultados cercanos entre sí, aunque los proponentes y otros científicos aún no han llegado a una conclusión. Esto se debe a que cada resultado tuvo su propio impacto negativo distinto en las muestras; desde problemas menores hasta problemas de salud importantes. Los científicos creen que estos problemas fueron provocados por muchos factores, como las diferencias en la salud de los participantes y los alimentos, que se consumen durante el tiempo de comer. Sin embargo, se encontró que los efectos positivos de la mayoría de estos estudios eran más dominantes que los negativos. Esto induce a los científicos e investigadores a realizar más estudios para apoyar este tipo de ayuno.

Una de las investigaciones más destacadas y actuales sobre los efectos del ayuno programado o intermitente fue una investigación en endocrinología realizada por defensores de los Estados Unidos de América. El estudio calificó el horario del ayuno como restricción energética intermitente o IER. La contraparte del IER fue la alimentación ad libitum o la alimentación gratuita. El IER siguió el programa de ayuno intermitente, mientras que la alimentación ad libitum simplemente basó la alimentación en la propia fase de hambre biológica de la muestra.

Al igual que en el entorno habitual de las pruebas de laboratorio, la primera prueba se realizó en roedores. Los ratones se dividieron en dos grupos: el grupo IER y el grupo de alimentación libre. Después de cinco meses de alimentación, ambos grupos fueron observados y examinados. Se descubrió que entre los ratones utilizados para las pruebas, aquellos bajo el grupo IER mostraron una reducción dramática de sus niveles iniciales de glucosa e insulina; el examen fue parte de un estudio sobre diabetes tipo 2. Por otro lado, los que estuvieron bajo el grupo de alimentación libre, retuvieron sus niveles originales de glucosa e insulina o desarrollaron ligeros cambios con respecto a sus niveles originales. De cualquier manera, se descubrió que los niveles de glucosa e insulina de los ratones en el grupo IER eran significativamente más bajos que los de los ratones en el otro grupo.

En el mismo estudio de investigación se descubrió que, a pesar de tener niveles más bajos de glucosa e insulina, los ratones del grupo IER sorprendentemente no sufrían de deficiencia de energía. Los defensores creen que fue porque los ratones del grupo IER ya se habían adaptado a su nuevo entorno de alimentación y, por lo tanto, requerirían solo menos niveles de glucosa e ingesta de insulina para satisfacer sus necesidades de energía.

También hubo un estudio que encontró que el ayuno intermitente es un gran factor que contribuye a la pérdida de peso. Tal estudio también involucró roedores como sus sujetos. En la primera fase de la prueba, todas las ratas tuvieron acceso ad libitum a alimentos estándar; podían consumir comidas cada vez que tenían hambre. La primera fase duró cuatro semanas. Después de la cuarta semana, las ratas se dividieron en dos grupos. El primer grupo de ratas continuó con la alimentación ad libitum, mientras que el segundo grupo se sometió a un estricto programa de dieta que consistía en días de ayuno y alimentación, similar al grupo IER del estudio mencionado anteriormente.

Las ratas de cada grupo se analizaron luego durante otras 10 semanas. Después de la décima semana, se examinó a cada uno de los grupos: se descubrió que había grandes reducciones en el peso corporal de esas ratas bajo el segundo grupo o el grupo IER. Las diferencias entre los pesos corporales de las ratas pertenecientes al grupo IER después de la primera fase del estudio y después de la segunda fase, fueron comparables a las de las ratas que pertenecían al primer grupo. Los resultados se examinaron más a fondo y se analizó la eficacia del IER en relación con el desarrollo de resistencia a la insulina debido a una dieta rica en grasas.

Efectos del ayuno intermitente en humanos

Por supuesto, las pruebas mencionadas anteriormente no serán suficientes para respaldar ni siquiera la mitad de la eficacia afirmada del ayuno intermitente solo para estos roedores involucrados como sus sujetos. Pero en el entorno habitual de laboratorio de investigación, tales pruebas son relevantes y lo suficientemente razonables como para considerar el estudio como aplicable a una forma de sujeto de nivel superior: los humanos.

Un estudio de investigación presentado en un artículo titulado, Nutrición y diabetes, sugirió que el ayuno intermitente, junto con una dieta baja en energía, resultó en mejoras tanto en el metabolismo de la glucosa como en la salud cardiovascular.En el estudio participaron personas con sobrepeso y obesidad. También se utilizó el ensayo IER y el período de observación duró tres meses. Después del tercer mes de estricta implementación de la dieta, los sujetos fueron examinados para identificar la presencia de marcadores de riesgo cardiovascular y evaluar los niveles de glucosa de los individuos.

La mayoría de los sujetos mostraron cambios positivos en ambos aspectos. Hubo menos marcadores de riesgo en su salud cardiovascular que podrían conducir a enfermedades cardíacas graves si se mantienen en un nivel alto. Además, el metabolismo de la glucosa había mejorado. Los niveles de presión arterial de los sujetos también se examinaron en el mismo estudio, aunque hubo inconsistencias mínimas cuando se compararon dichos resultados con los resultados de otros estudios que también se centraron en los efectos del ayuno intermitente. Por lo tanto, solo se consideró seguro concluir el efecto del IER sobre la salud cardiovascular y las propiedades de glucosa de los humanos , al menos a partir del estado actual.

También hubo un ensayo de ayuno intermitente realizado en personas no obesas y sanas. En cuestión de tres semanas, los efectos se hicieron evidentes en las personas que participaron en el ensayo. En los hombres participantes, los niveles de triglicéridos se redujeron a un estado más saludable. El triglicérido es un compuesto orgánico que se puede encontrar en un cuerpo humano. La presencia de altos niveles de compuestos de triglicéridos en el cuerpo es una señal de que un individuo es propenso o tiene diabetes o enfermedad renal.

Con respecto a las mujeres participantes, los investigadores encontraron un aumento posterior al tratamiento en la lipoproteína de alta densidad o el colesterol HDL. El colesterol HDL funciona como una sustancia importante en el cuerpo ya que elimina el exceso de colesterol de la sangre, las células y las paredes de los vasos sanguíneos ; por eso se llama colesterol bueno. Se cree que la variación de los efectos basados en el género es causada por el nivel de ayuno que cada grupo de género posee naturalmente. Los hombres participantes tendieron a tener niveles de ayuno más altos que las mujeres participantes. Aunque se encontró que los resultados del estudio eran específicos de género, se consideraron una herramienta útil para demostrar los efectos positivos del ayuno intermitente.

Hay más estudios para respaldar los efectos del ayuno intermitente, pero enumerar cada uno tomaría toda una vida en explicarse a fondo. Además, el concepto de ayuno intermitente, siendo ampliamente aceptado como un tema importante sobre salud y dieta, todavía no ha comenzado a llamar la atención en el campo de la investigación médica. Es por eso que los estudios relacionados no son tan numerosos y concluyentes como los que se han centrado en temas de salud más conocidos y más amplios como la diabetes, el cuidado de la piel o los entrenamientos.

Capítulo 3: Beneficios Del Ayuno Intermitente

Incluso si el ayuno intermitente suena como una práctica común que ha existido naturalmente durante siglos, la conceptualización de la práctica en realidad no es tan antigua. Una serie de estudios de investigación aún están realizandose y los investigadores médicos todavía están planeando o realizando varios ensayos en busca de desarrollar una conclusión sólida para cerrar el caso , lo que sería más probable que demore años o décadas en suceder.

Pero a partir de los estudios que actualmente están registrados, el ayuno intermitente ya tiene una impresión bastante decente cuando se trata de la salud humana. La mayoría de los ensayos anteriores terminaron con una conclusión positiva con respecto a los efectos beneficiosos del concepto de dieta para las personas. Estos beneficios incluyen procesos de reparación celular inducidos, reducción del estrés oxidativo, disminución de la resistencia a la insulina, aumento de la función y protección del cerebro , pérdida de peso y crecimiento muscular, así como una mayor protección contra ciertas enfermedades.

Procesos de reparación inducidos en células

El ayuno hace que las células de su cuerpo realicen autofagia, que es el proceso a través del cual las células se autodestruyen. La autofagia es un fenómeno fisiológico normal destinado a mantener el funcionamiento celular normal. Los organelos celulares destruidos se entregan para la generación de nuevas células. Esto ayuda al cuerpo a mantener un conjunto de células sanas y a deshacerse de los orgánulos innecesarios o dañados que podrían causar enfermedades graves como el cáncer, cuando no se destruyen.

Cuando un individuo no consume alimentos o agua durante un período prolongado de tiempo, aumenta el nivel de estrés en su cuerpo. Un nivel de estrés saludablemente elevado induce a la autofagia; y esta es la razón exacta por la que el ayuno se considera un estresante biológico que trae una cantidad saludable de efectos positivos en el cuerpo, incluida la autofagia.

Estrés oxidativo reducido

El estrés oxidativo ocurre cuando la producción de radicales libres no se ve contrarrestada por la capacidad del cuerpo para desintoxicar sus efectos negativos para la salud. Esto sucede porque hay una producción anormalmente excesiva de radicales libres que la capacidad natural del cuerpo, incluso en un estado normal, no puede combatir; o porque la actividad antioxidante del cuerpo se volvió demasiado débil que no podría seguir el ritmo incluso con la producción normal de radicales libres.

La capacidad del cuerpo para disuadir los efectos nocivos de los radicales libres se llama neutralización, que es aportada por los antioxidantes del cuerpo. Los antioxidantes son moléculas que interactúan de manera segura con los radicales libres, además de contrarrestar y desintoxicar sus efectos nocivos, para mantener un conjunto saludable de células.Un desequilibrio entre la actividad antioxidante y la producción de radicales libres genera estrés oxidativo; y por lo tanto, daña los componentes de la célula.

El ayuno de período corto funciona irónicamente causando un ligero aumento en la producción de radicales libres. Esto provoca que las células del cuerpo respondan en un nivel más seguro al aumentar el nivel de actividad antioxidante. Cuando esto sucede, los antioxidantes podrán desintoxicar todos los radicales libres y disminuir el estrés oxidativo.

Baja resistencia a la insulina

La insulina es una hormona producida por el páncreas que extrae glucosa de los carbohidratos y la convierte en energía. También puede almacenar glucosa en el cuerpo para uso futuro. Sin embargo, cuando el cuerpo recibe demasiada insulina, trata de contrarrestar este nivel excesivo hasta que finalmente no responde adecuadamente a la hormona.

La resistencia a la insulina es una complicación grave que conlleva algunos de los principales problemas de salud conocidos. Esto se debe a que la insulina ayuda a mantener regulado el nivel de azúcar en la sangre del cuerpo. Por lo tanto, cuando el cuerpo resiste la insulina, también pierde el control sobre el nivel de azúcar en la sangre; haciendo que el cuerpo sea propenso a la hiperglucemia o al aumento en el nivel de azúcar en la sangre, o hipoglucemia o la caída anormal en el nivel de azúcar en la sangre.

En cierto estudio en el que participaron seres humanos como sujetos, el ayuno intermitente se atribuyó a una disminución del 3-6% en el azúcar en la sangre y una caída del 20-31% en el nivel de insulina. Las cifras mostraron buenas indicaciones de mejora del nivel de insulina. Una disminución en el nivel de insulina es técnicamente útil, ya que, en primer lugar, el nivel excesivo de insulina provoca resistencia a ella misma. El estudio también mostró que el ayuno intermitente protegía a los sujetos del daño renal.

Aumento de la función y protección del cerebro

A partir de los estudios actualmente existentes, aunque solo involucra muestras de animales, el ayuno intermitente ha demostrado una serie de beneficios para el cerebro. Uno de estos estudios descubrió que el crecimiento de las células nerviosas en aquellos ratones que experimentaron ayuno intermitente, se aceleró después del período de intervención. Otro estudio mostró que el ayuno intermitente podría prevenir el daño cerebral que podría conducir a un derrame cerebral.

También se observó un aumento en el factor neurotrófico derivado del cerebro o BDNF en las muestras involucradas en un estudio sobre la restricción dietética y sus efectos en el cerebro. La deficiencia de hormonas BDNF está implicada en varios problemas de salud mental, incluida la depresión.

Pérdida de peso y crecimiento muscular

Entre los efectos del ayuno intermitente, la pérdida de peso es lo que más buscaban las personas. Este tipo de patrón de dieta se ha utilizado e incorporado en varios planes de acondicionamiento físico y se está volviendo cada vez más moderno entre las personas conscientes de la salud debido a su gran impacto en el cuerpo. Además, viene con una bonificación: los estudios muestran que el ayuno intermitente ayuda a retener la masa magra y promueve el crecimiento muscular. Todo esto se discutirá detalladamente en el próximo capítulo.

Mayor protección contra ciertas enfermedades

Debido a los beneficios mencionados anteriormente, es evidente que el ayuno intermitente se puede atribuir de manera segura a los riesgos menores que se tiene de ciertos tipos de enfermedades. El procesamiento mejorado de la reparación celular puede ayudar al cuerpo a deshacerse del cáncer. La disminución del estrés oxidativo puede combatir problemas de salud cerebral como la depresión y la enfermedad de Alzheimer. Las mejoras en el nivel de insulina, por otro lado, están directamente relacionadas con la resistencia a la insulina y, por lo tanto, también son útiles para combatir la diabetes. Sobre todo, el ayuno intermitente es una herramienta eficaz para una forma más saludable de perder peso, lo que lo convierte en una medida preventiva y correctiva contra la obesidad.

Capítulo 4: Ayuno Intermitente: La Clave Para Una Pérdida De Peso Saludable Y Crecimiento Muscular

La razón más probable por la que una persona sigue un horario de ayuno intermitente es la pérdida de peso. Afortunadamente, la pérdida de peso es uno de los beneficios respaldados por la evidencia que promueve el ayuno intermitente. Bueno, el ayuno en general promueve la pérdida de peso; Entonces, ¿qué hace que el ayuno intermitente sea una opción diferente y mejor?

Cuando ayunas, básicamente no permites que tu cuerpo reciba calorías de los alimentos. Esto significa que no eres propenso a almacenar el exceso de calorías como grasas en tu cuerpo. Por lo tanto, si tu cuerpo continúa ayunando, solo hay dos cosas que pueden sucederle a tu peso corporal: permanecer tal cual o disminuir. Entre los dos, es el último el que tiene más probabilidades de suceder ya que las grasas se queman naturalmente durante las actividades, independientemente de si finalmente se reemplazan o no.

Aunque la idea es científicamente cierta, no todas las personas que intentaron ayunar lograron perder peso. De hecho, algunos de ellos incluso terminaron ganando más. Esto se debe a que el término general "ayuno" simplemente significa abstenerse de los alimentos, bebidas o ambos. No define cuánto abstenerse, por cuánto tiempo debe abstenerse, ni qué sucede después de que alguien se haya muerto de hambre durante un período de tiempo inusual; a menudo termina siendo malinterpretado como una forma no regulada de omitir al menos una comida completa.

La mayoría de la gente "ayuna" al saltarse el desayuno. Pero cuando llega la hora del almuerzo, tienden a comer más de lo habitual para satisfacer el hambre prolongada que soportaron antes de la comida. Este es el error común que cometen las personas cuando ayunan; no lo combinan con disciplina. Si ayunas durante 48 horas, lo más probable es que comas mucho en tu próxima comida ya que tu cuerpo necesita ganar lo que no tuvo durante el período de ayuno; independientemente de si intentas controlarlo o no. Esta es la razón por la cual los nutricionistas y los expertos en salud no recomiendan el ayuno por períodos prolongados.

El ayuno intermitente, por otro lado, sigue un ciclo uniforme de períodos; por lo tanto, regulado. Gradualmente deja que el cuerpo se adapte a una nueva configuración hasta que se acostumbre. No abusa demasiado del hambre, ya que aún incluye las tres comidas principales del día, o al menos dos. Por lo tanto, no hay nada de qué preocuparse por no poder controlar la ingesta de alimentos. El concepto de dieta en realidad solo expande el lapso de tiempo cuando tu cuerpo no consume nada y no le permites comer. Esta es una configuración considerablemente saludable si deseas quitar algunas libras. Aquí, le estás dando a tu cuerpo el tiempo suficiente para digerir completamente las comidas para absorber los nutrientes adecuadamente en lugar de simplemente almacenarlos como grasas.

Proceso acelerado de quema de grasa

Además, el ayuno de corto período también acelera tu metabolismo, lo que significa que tu cuerpo puede quemar más calorías cuando sigue el ayuno intermitente. En cierto estudio publicado por el Centro Nacional de Información Biotecnológica o NCBI en la Biblioteca Nacional de Medicina de EE. UU., La inanición a corto plazo condujo a un aumento promedio de 3.6% en la tasa metabólica de los sujetos.

11 individuos jóvenes sanos participaron en dicho estudio, todos de peso normal. No se les permitió comer durante 48 horas. Después del período de intervención, la tasa metabólica de cada individuo aumentó en tasas variadas con una media del 3,6%. Tal número se consideró como un gran aumento en el nivel de metabolismo y se atribuyó completamente al hambre o al período de ayuno.

Ayuno intermitente versus restricción calórica diaria

Existe un régimen de dieta tradicional llamado restricción diaria de calorías o CR a través del cual un individuo limita su ingesta diaria de calorías a una medida fija. Si adoptas este tipo de técnica de dieta, debes ser consciente de la cantidad de alimentos que consumes y asegurarte de no exceder tu límite de calorías. Entonces , si digamos que solo se te permite tomar 1500 calorías por día, tu consumo total de calorías no debe ser de 1600 o 1700 calorías, pero se permiten 1400 calorías o menos. Esta técnica ha demostrado resultados favorables para las personas que practican el método CR, pero hay una desventaja: es difícil mantener este tipo de dieta.

En primer lugar, las comidas que una persona consume todos los días generalmente no tienen una medida de calorías fácilmente disponible. Y en tal caso, el individuo debe confiar en gran medida en la estimación, lo que no es bueno, considerando que el propósito mismo del método CR es cuantificar la ingesta calórica exacta de una persona para regular el consumo. Desafortunadamente, la aproximación no es ideal, especialmente cuando necesitas implementar el método de la dieta en los términos más estrictos.

En segundo lugar, incluso si un individuo consume alimentos y productos en cajas o cartones (que probablemente tengan un indicador de cantidad de calorías en sus secciones de información nutricional), será difícil para un individuo garantizar que lo que acaba de consumir sería igual a la cantidad de calorías que estaba escrita en el empaque; digamos, ¿y si no consumieras todo el contenido?. Además, los alimentos envasados no son realmente la opción más saludable para una persona que dice estar "a dieta".

Por último, no siempre es seguro decir que una persona puede controlar su ingesta de alimentos todos los días en función de un límite de calorías fijo. No debes olvidarte que las calorías también son proveedoras de energía y no solo grasas "potenciales". Podría llegar un día que exigirías más energía de un individuo y elegir quedarse con la ingesta de alimentos con calorías limitadas claramente no sería eficiente.

A diferencia de la restricción cuantificada del método de RC, el ayuno intermitente permite la ingesta libre de alimentos durante los espacios para comer. Este programa de dieta es después del alargamiento del período de ayuno y acortando el período de alimentación sin limitar necesariamente la ingesta de calorías; mientras que el método CR no restringe el consumo en función del tiempo sino del tamaño de los alimentos en sí. Para ser honesto, ambos son igualmente efectivos para reducir el peso, pero hay estudios recientes que pueden respaldar la afirmación de que el ayuno intermitente es mejor que el método de restricción de calorías en algunos aspectos además de la simple reducción de la masa grasa.

Según un artículo publicado por el Departamento de Kinesiología y Nutrición de la Universidad de Illinois en Chicago, el programa de dieta intermitente puede ser más efectivo para retener la masa magra en el cuerpo y reducir el peso. El estudio utilizó individuos obesos como sujetos. La revisión se centró en examinar la pérdida de peso, así como la pérdida de masa grasa correspondiente y la retención de masa magra. Bajo la dieta diaria de CR, la pérdida de peso promedio fue de 5-8%, mientras que la pérdida de masa de grasa promedio fue de 10-20%. Por otro lado, la dieta intermitente resultó en una pérdida de peso promedio de 4-8% y una pérdida de masa de grasa de 11-16%.

Las figuras estaban evidentemente cerca de cada tipo. Sin embargo, los investigadores identificaron que aunque ambos fueron efectivos para la reducción de peso, el ayuno intermitente resultó en una mayor retención de masa magra que la dieta CR. La masa magra, en pocas palabras, es la porción de tu peso que no es grasa. Esta porción incluye el peso de tus huesos, tus músculos, el agua en tu cuerpo y, técnicamente, todos tus órganos. Esta es la razón por la cual muchos nutricionistas aconsejan a los culturistas que busquen retener o ganar masa magra mientras reducen la masa grasa.

Retención y crecimiento de masa muscular

Un ayuno no regulado puede ser útil para perder peso, pero el problema es que, a lo largo del proceso de eliminación de la masa grasa, también puedes perder parte de tu masa magra. Este es un asunto crucial ya que mucha gente confunde perder peso como sinónimo de estar saludable. A menos que todo el peso que hayas perdido esté compuesto de masa grasa, no es seguro decir que tu cuerpo se volvió más saludable.

Solo es importante entender que la pérdida de grasa es diferente de la pérdida muscular, aunque la parte difícil es que ambas pueden ocurrir en una sola actividad de pérdida de peso. Si te enfocas demasiado en perder peso sin hacer un seguimiento de tu salud muscular, es probable que termines degradando tu fuerza muscular. Dado que el ayuno intermitente ayuda a retener la masa magra en medio de la reducción de peso, también puede ayudar a retener la masa muscular para los culturistas.

Retener la masa muscular es tan difícil como ganarla. Incluso si ganaste mucho, no hará ningún cambio notable si también perdiste mucho al mismo tiempo. Digamos, por ejemplo, que pesas 170 libras y que constantemente ganas dos libras de masa muscular por mes debido a un entrenamiento constante. En un lapso de un año, podemos decir que ganarás 24 libras de masa muscular magra convirtiendo tu peso inicial de 170 libras en 194 libras. Esa es una gran mejora muscular teniendo en cuenta que no ganaste ninguna masa grasa significativa durante todo el año. Pero, ¿qué pasa si durante el año, debido al ayuno no regulado, también perdiste un total de 23 libras de masa magra? Tu peso al final del año solo será de 171 libras, un aumento frustrante de una libra por un año entero de entrenamiento.

La consistencia en el crecimiento es la clave para desarrollar músculos más fuertes, y verse más desgarrado en caso de que la apariencia sea un factor. Esta es la razón por la cual los ganadores musculares deben seguir patrones de dieta que apoyen la retención de la masa muscular magra. Y dicha regla también se aplica a aquellos que quieran perder peso y ganar músculo al mismo tiempo.

Deshacerse de la grasa del vientre

Si eres una de esas personas que son demasiado conscientes con sus barrigas gordas y cómo siguen mostrando una protuberancia debajo de su ropa de otra manera hermosa, entonces hay una buena noticia para ti: el ayuno intermitente también se asocia con la reducción de la grasa abdominal.

Hubo un estudio sobre el efecto del ayuno intermitente en la diabetes tipo 2, que evaluó a las personas con "barrigas gordas". Estas personas se sometieron a un ayuno intermitente y después de 24 semanas, el ayuno les proporcionó a los individuos una reducción del perímetro de la cintura del 4-7%. Esto está relacionado en gran medida con la eficacia previamente probada del ayuno intermitente cuando se trata de la pérdida de peso general.

Capítulo 5: Tipos De Ayuno Intermitente

Ya se han hecho varias variaciones del ayuno intermitente incluso antes de que el patrón de la dieta se hiciera popular en el mundo. Y a medida que recibe cada vez más atención de entusiastas de la salud y expertos en nutrición, la lista se hace más larga. Todos los tipos que existen hasta la fecha se crean a partir de diferentes necesidades, por lo que no se puede identificar cuál de estos se ajusta "mejor" a todos. De hecho, la mayoría de los que se beneficiaron en gran medida del ayuno intermitente están usando una mezcla de dos o más de estos tipos.

Sin embargo, hay algunos tipos de ayuno intermitente que han dado una buena impresión tanto a los nutricionistas como a los expertos en dietas. Estas variantes de ayuno intermitente han llegado a la lista principalmente porque varias personas encontraron estos patrones de dieta apropiados para ellos y para sus necesidades.

Dieta 5: 2

Popularizado por el periodista y productor británico Michael Mosley, este es, con mucho, el tipo más prominente de ayuno intermitente. La dieta 5: 2 es un significado de horario de ayuno semanal; un ciclo dura una semana y cada ciclo o semana se divide en ayuno y días de comida.Este es un horario simple que cualquiera puede seguir y también se encuentra entre uno de los patrones de dieta más flexibles.

5: 2 básicamente significa cinco días enteros de alimentación libre por dos días completos de ayuno. Como una semana se compone de siete días, puedes establecer dos de estos días como días de ayuno y consumir alimentos libremente durante el resto de la semana. En cada día de ayuno, solo puedes consumir un total de no más del 25% de tu consumo diario promedio de calorías. Sí, el "ayuno" aquí se refiere a un período de ingesta limitada y no a un período absolutamente sin alimentos ni bebidas; por lo tanto, aún puedes comer pero con limitaciones.

Para proporcionar una imagen más clara de cómo se sigue la dieta 5: 2, supongamos que designaste tus miércoles y jueves como días de ayuno. De viernes a martes, puede comer de la forma en que lo haces normalmente; puedes desayunar, almorzar, cenar e incluso tener meriendas. No hay límites para los días de comida.Por otro lado, los miércoles y los jueves son un poco estrictos cuando se trata de lo que puedes consumir. Si tu consumo promedio de calorías por día es, digamos 2000, tu límite de calorías sería 500 (2000 multiplicado por 25%). Esto significa que no debes comer más de 500 calorías los miércoles y tampoco los jueves. Sin embargo, los días de ayuno en la dieta 5: 2 no son tan estrictos .Y todavía puedes tener tres comidas durante estos días, excepto que las comidas serían relativamente más pequeñas.

¿Tus días de ayuno tienen que ser días consecutivos? Bueno, como se dijo anteriormente, la dieta 5 : 2 es conocida por ser uno de los patrones de dieta más flexibles; así que no, esos días no necesariamente tienen que ser consecutivos. La mayoría de los usuarios de la dieta 5: 2 encuentran que el hambre es más fácil de mantener cuando los dos días de ayuno están separados entre sí, como los lunes y miércoles o los martes y viernes. Incluso es muy recomendable que los principiantes establezcan estos períodos en días no consecutivos , ya que una disminución del 75% en la ingesta normal de calorías es una gran caída repentina. Por lo tanto, si deseas superar tus primeras semanas con una dieta 5: 2, mejor abstienete de elegir dos días consecutivos. Sin embargo, los días consecutivos son más convenientes y siempre que el ayuno no supere las 48 horas, se cree que proporcionan resultados igualmente saludables pero ligeramente más rápidos.

Otra cosa que lo convierte en un patrón de dieta flexible es que cada ciclo no tiene que seguir un patrón uniforme. Esto significa que puedes ayunar los jueves y viernes de la semana actual y cambiar estos días de ayuno a los martes y miércoles de la semana siguiente. Por supuesto, los ciclos uniformes son mejores para que tu cuerpo pueda adaptarse a la consistencia, pero es mucho mejor apegarse a la realidad y considerar las posibilidades de que no siempre puedes estar libre para ayunar los mismos días de cada semana. Sin embargo, aún depende de ti cómo te gustaría aplicar este tipo de ayuno intermitente a cada una de tus semanas.

Además, algunos de los otros tipos de ayuno intermitente fueron en realidad solo variaciones de la dieta 5: 2.También hay una dieta 4: 3 que establece tres días de ayuno por semana; y una dieta 6: 1 que solo implica un día de ayuno en una semana. Si no te encuentras en condiciones de practicar el ayuno durante dos días a la semana, puedes probar algunas de estas variaciones. Mientras te limites a reducir tu consumo de calorías al 25% durante los períodos de ayuno, no debería haber ningún problema.

Plan de dieta: Eat-Stop-Eat

El plan de dieta Eat-Stop-Eat (comer -parar- comer) fue creado por el experto en pérdida de peso Brad Pilon basado en el concepto del ayuno intermitente. Pilon tiene experiencia en nutrición deportiva y suplementos, por eso este plan de dieta específico, según los expertos en dieta, es más adecuado para las personas que generalmente participan en actividades físicas o deportivas.

En un plan de dieta de comer-parar-comer, ayunas durante 24 horas completas una o dos veces por semana; por lo tanto, también se llama plan rápido de 24 horas. Similar a la dieta 5: 2, puedes comer normalmente durante tus días sin ayuno. Sin embargo, si los días de ayuno consecutivos y no consecutivos son aceptables en la dieta 5: 2, en el plan de dieta de comer-parar-comer, solo los días no consecutivos se consideran apropiados. De hecho, Pilon incluso enfatizó expresamente que no se debe ayunar durante días consecutivos y tampoco se debe ayunar durante más de 48 horas en una sola semana.

No hay límites de calorías cuantificadas durante los días de ayuno en este tipo de ayuno intermitente; ya que debes aspirar a una abstinencia completa de los alimentos si sigues una dieta de comer-parar-comer. Sin embargo, puedes tomar refrescos dietéticos, agua con gas, té o café durante este período. Si sentiste la necesidad de romper todo el ayuno, Pilon dice que puedes comer lo que quieras, pero también sugiere que modere tu consumo. Además, si no puedes ayunar durante 24 horas seguidas, los períodos más cortos también funcionarán siempre que no sean menos de 20 horas.

Después del ayuno de 24 horas, se recomienda tomar la cantidad adecuada de calorías por día, aproximadamente 2000 calorías para las mujeres y 2500 calorías para los hombres. Además, la proteína de alta calidad es muy recomendable en esta dieta. Puedes tomar de 20 a 30 gramos cada cuatro o cinco horas para un total de 100 gramos por día. Esto es para asegurar que la masa muscular magra se retenga durante el ayuno intermitente.

Digamos, si comenzaste tu ayuno a las 8 am del martes, puedes continuar comiendo normalmente a las 8 am del miércoles.Durante el período de ayuno, a partir de las 8 am del martes, puedes tomar café o refrescos de dieta y consumir un total de 100 gramos de proteína de alta calidad. Si aún te resulta difícil pasar el día sin comer, puedes comer un poco, pero asegúrate de limitarlo, de lo contrario no puede considerarse como un período de ayuno. Puedes tomar tu desayuno exactamente a las 8 am de la mañana siguiente, ya que el período de ayuno termina a esa hora.Puedes volver a comer normalmente y después de varios días sin ayuno, puede repetir el ayuno de 24 horas.

Recuerda, tus días de ayuno no deben estar cerca uno del otro para este tipo de plan, no solo después de la pérdida de peso, sino también con el objetivo de mantener la masa muscular magra. Pilon tampoco recomienda combinar este programa de dieta con comidas bajas en carbohidratos, ya que esto solo dará como resultado una deficiencia de energía .Las personas que adoptan este tipo de ayuno intermitente necesitan niveles apropiados de energía; por lo tanto, una cantidad apropiada de glucosa. Esta es también la razón por la que Pilon recomienda tomar la cantidad correcta de la ingesta de calorías por día sin ayuno. Los resultados de este plan de dieta se ven reforzados por el consumo de frutas y verduras.

Protocolo 16: 8

Esta variante de ayuno intermitente fue originada por el entrenador personal y experto en nutrición Martin Berkhan. A diferencia de los dos primeros planes de dieta mencionados, este es un ayuno diario; lo que significa que un ciclo tarda solo un día en repetirse y que cada día se divide en horas de ayuno y alimentación. 16: 8 simplemente significa que un día debe estar compuesto de 16 horas de ayuno y 8 horas de comida libre. El plan de dieta es conocido por su efectividad no solo para perder peso, sino también para aumentar la masa magra, por eso Berkhan lo llama el método "leangains".Encontrarás más información sobre este tipo de ayuno intermitente en la II parte de este libro.

La dieta del guerrero

¿Alguna vez imaginaste a un vikingo devorando una mesa entera de alimentos? ¿Qué pasa con un espartano tragando un gran barril de vino? Bueno, uno de estos días, es posible que te veas como estos hombres mientras tomas tu comida bajo el plan de la dieta del guerrero.

La dieta del guerrero es uno de los planes de dieta más populares que incorporan el ayuno intermitente. En realidad, hay un libro completo sobre esto y fue escrito por el experto en nutrición y acondicionamiento físico Ori Hofmekler, quien aparentemente comenzó este tipo de filosofía de la dieta. Hofmekler es el fundador de Defense Nutrition. Hasta la fecha, es autor de varios libros, todos los cuales abordan la salud y el estado físico.

Entonces, ¿cómo se hace la dieta del guerrero? El plan de dieta esencialmente sigue un horario de ayuno intermitente basado en el día. Cada día, debes ayunar durante 20 horas seguidas y comer al menos una vez durante las cuatro horas restantes. El período de ayuno de 20 horas puede sonar como una batalla cuesta arriba para algunos, teniendo en cuenta que debe aplicarse todos los días; pero no te preocupes, el período de ayuno en este protocolo de dieta permite el consumo de porciones mínimas de frutas y verduras crudas, o un vaso de jugo fresco. También puedes tomar pequeñas porciones de proteína si lo deseas. Simplemente no comas una comida completa durante el ayuno.

Los períodos de ayuno y alimentación bajo este patrón de dieta se denominan más apropiadamente como períodos de "subalimentación" y "sobrealimentación", respectivamente. Por lo tanto, podemos decir que la fase de infrautilización está destinada a que puedas seguir consumiendo alimentos, aunque dicho consumo debe ser estrictamente observado y limitado. La fase de comer en exceso, por otro lado, es el período de cuatro horas en el que puedes comer toneladas de alimentos que cubren la mayor cantidad de nutrientes posible. También es importante establecer la fase de comer en exceso durante la noche.

Por ejemplo, si eliges establecer tu fase de comer en exceso de las seis en punto a las diez de la noche, debes limitar tu consumo de alimentos de las 10 p.m. de la misma noche a las 6 p.m. del día siguiente. Durante tu fase de subdestrucción de 20 horas, puedes consumir un plato pequeño de ensalada de vegetales puros o beber fruta o jugo de vegetales recién extraídos. También puedes agregar un poco de proteína a tu ensalada al ponerle unas tiras de carne de pollo magra. Una vez que el reloj llegue a las 6 p. M. Puedes iniciar a "comer en exceso" como se indica en el plan de dieta. Si lo deseas, puedes comer una comida grande compuesta de un plato de ensalada César, un plato de filete y salmón chamuscado, así como un plato de carbonara o un sándwich de casa club. Sí, este plan de dieta lo dice en serio cuando dice comer "toneladas" de alimentos. Además, no se llama Warrior Diet por nada.

Hablando de ser un "guerrero" en este plan de dieta, también necesita disciplinarte como tal. El protocolo de dieta no solo instruye a comer mucho durante la fase de comer en exceso de cuatro horas, sino que también recomienda una secuencia adecuada de ingesta de alimentos una vez que comienzas con tu período de alimentación libre. El orden de ingesta de alimentos desde el primero hasta el último debe ser: verduras, proteínas, grasas y carbohidratos. Los primeros tres deben tomarse estrictamente en la medida de lo posible. Puedes omitir los carbohidratos si lo deseas, pero lo más probable es que necesites comer algunos , teniendo en cuenta que esto ocurre después de un largo período de ayuno. De todos modos, los carbohidratos no están limitados, por lo que puedes consumir todo lo que desees siempre que vengan después de las verduras, las proteínas y las grasas.

La ciencia detrás de este plan de dieta es un poco compleja de explicar. Contrariamente a la regla de la dieta común de que no se debe comer a altas horas de la noche ya que solo dará como resultado un aumento de peso, la filosofía que respalda este plan de dieta está vinculada a una teoría diferente: los humanos son inherentemente comedores nocturnos. Pero a pesar de mantener una visión diferente, los expertos en nutrición están convencidos de los efectos del protocolo en el cuerpo.

Para explicar, la fase de infrautilización está destinada a maximizar la respuesta de "lucha o huida" del sistema nervioso simpático. La respuesta de lucha o huida es una reacción realizada por el cuerpo en respuesta a una amenaza percibida. La amenaza incluye eventos dañinos, peligro inminente o incluso amenazas de supervivencia como el hambre. Y dado que el cuerpo lucha con el hambre durante el ayuno de 20 horas, la lucha o huida responde haciendo que el cuerpo esté más alerta y aumentando la energía que eventualmente resultaría en estimular el proceso de quema de grasa.

La fase de comer en exceso, por otro lado, se supone que utiliza la capacidad del sistema nervioso parasimpático para promover la digestión, así como la relajación dentro del cuerpo. Esto permite que el cuerpo absorba los nutrientes consumidos y los use para repararse y crecer. También ayuda al cuerpo a quemar grasas durante el día.

Los beneficios de la dieta del guerrero para el cuerpo solo se maximizarán si se sigue el plan. La mayoría de los que probaron este plan de dieta afirman que este es un trabajo difícil de realizar .Pero al final del día, lo más importante es poder presenciar el progreso en tu cuerpo. Después de todo, es un plan de dieta para los individuos dedicados y disciplinados, para los guerreros en entrenamiento.

Ayuno en días alternos

La dieta del ayuno alternativo o día de ayuno alternativo es un protocolo de ayuno que sigue un ciclo de dos días. Se originó en el libro

UpDayDownDay Diet ™, escrito por el cirujano plástico Dr. James Johnson. El doctor Johnson también luchó con la pérdida de peso, lo que lo llevó al descubrimiento de un plan de alimentación efectivo para la pérdida de peso.

El plan de dieta es bastante simple; comes porciones mínimas de comidas un día y come tus porciones habituales al día siguiente. Aquí, los días en que comes porciones pequeñas o limitadas se llaman "días de inactividad", mientras que los que te permiten consumir porciones normales se denominan "días de actividad". El proceso simplemente se repite cada dos días y, dado que se trata de un ciclo de dos días, en realidad no hay días particulares que se puedan determinar como días activos o días inactivos (si tu lunes de esta semana es un día de inactividad, tu lunes de la próxima semana será lo mismo suponiendo que haya seguido el horario de ayuno durante toda la semana).

El plan también implica un límite cuantificado de la ingesta de calorías que se debe seguir en los días de inactividad tanto como sea posible. Te indica que solo consume una quinta parte de tu ingesta habitual de calorías durante tus días de inactividad. Por lo tanto, si tu consumo normal es de aproximadamente 2000 calorías por día, entonces solo debes tomar aproximadamente 400 calorías en tus días de inactividad. Tus días de inactividad típicamente comprenderían comidas regulares o normales, aunque deben venir en porciones más pequeñas.

Según el Dr. Johnson, si te resulta difícil cumplir con tus días de inactividad, puedes optar por batidos de proteínas y calorías o batidos de reemplazo de comidas. Estos batidos están llenos de nutrientes esenciales y pueden sustituir las comidas de manera segura. Sin embargo, estos batidos son simplemente una ayuda para sobrevivir días difíciles, especialmente cuando eres un principiante en esto y sólo deben tomarse en tus dos primeras semanas de este programa de dieta y no debe ser un sustituto regular para tus comidas todos los días. Después de, como máximo, dos semanas, debes volver a comer alimentos o comidas "reales" para que tu cuerpo no se acostumbre a los líquidos y batidos.

Si eres una rata de gimnasio, es posible que desees considerar ir al gimnasio solo en tus días de actividad física , ya que estos son los días en los que seguramente puedes mantener la resistencia en las actividades físicas sin romper el plan de dieta. Levantar pesas y participar en otras actividades extenuantes requiere una gran cantidad de energía y solo puedes tener una cantidad decente en los días en que come porciones "normales" o "suficientes" .Además, el ayuno en días alternos está diseñado únicamente para promover la pérdida de peso. Tratar de ganar masa muscular magra mientras está bajo este plan de dieta implicaría esfuerzos adicionales y eso incluye disciplinar a tu entusiasta del gimnasio para que descanse en los días de inactividad (y probablemente para comer más porciones ricas en proteínas).

Pérdida de grasa para siempre

Si te encuentras dividido entre la flexibilidad de la dieta para comer y dejar de comer y la función de alimentación libre de la dieta del guerrero, la dieta de la perdida de grasa para siempre podría ser la que estás buscando .Este plan de dieta fue conceptualizado por el experto en acondicionamiento físico John Romaniello y fue hecho para los amantes del gimnasio que desean un horario de dieta flexible que también incluya el día más importante de la semana: el día trampa.

El nombre "Pierde Grasa Para Siempre" es en realidad un título elegante para un plan de dieta con una mezcla complicada de diferentes protocolos de ayuno en un solo horario. A menos que realices el programa de dieta adecuadamente, la "pérdida de grasa" no va a llegar y no se garantizará la posibilidad de que la grasa se pierda "para siempre". Sin embargo, todavía está etiquetado como uno de los planes de dieta más efectivos anclados al concepto del ayuno intermitente.

El plan de dieta es esencialmente un ayuno intermitente basado en la semana y cada semana debe incluir dos períodos principales: el día trampa y el ayuno de 36 horas. El ayuno de 36 horas siempre debe venir después del día trampa. Después de eso, debes incorporar uno o más protocolos de ayuno intermitente para el resto de la semana. Romaniello sugiere que guardes tu ayuno de 36 horas para los días más ocupados de tu semana para que te concentres en cosas más importantes (por ejemplo, trabajo) además del hambre.

Digamos que si comenzaste tu día trampa el jueves a las 8 de la mañana y comiste tu última comida "trampa" a las 9 de la noche, tu ayuno de

36 horas debería comenzar a las 9 de la noche del mismo día. Contando 36 horas desde las 9 pm, tu próxima "comida normal" debe ser el sábado a las 9 am. De hecho, es un largo período de ayuno, pero por supuesto, puedes consumir pequeñas porciones de proteínas, carbohidratos, frutas y verduras durante el período de 36 horas; solo asegúrate de no comer ninguna comida completa. Luego, si decides adoptar el ayuno en días alternos durante el resto de la semana, entonces el día después del ayuno de 36 horas (el sábado en este caso) debería ser un día activo ya que tu cuerpo necesita recuperar suficientes nutrientes después del ayuno. El día siguiente, que es domingo, debería ser un día de descanso. Los días restantes antes del próximo jueves deberían ser una serie alternada de días de subida y bajada.

Es importante aplicar las reglas correspondientes bajo los diferentes protocolos de ayuno que usas durante el resto de la semana, después del día trampa y el ayuno de 36 horas. De la ilustración anterior, tus días de inactividad solo deben comprender una quinta parte de tu consumo promedio de calorías. Si consumes un promedio de aproximadamente 2500 calorías por día, debes limitar tus comidas de domingo y martes a 500 calorías (un quinto de 2500) durante todo el día.

Para otro ejemplo, digamos que comenzaste tu día trampa el domingo de 9 a.m. a 10 p.m. Esto establece tu período de ayuno de 36 horas a las 10 pm del domingo y, a partir de ese momento, el período debe finalizar a las 10 am del martes. Si usas la Dieta del Guerrero durante el resto de la semana, eso te obliga a extender el período de ayuno de 36 horas a 44 o 48 horas. Esto se debe a que la Dieta del Guerrero sigue un horario nocturno para comer; y dado que tu período de ayuno de 36 horas termina por la mañana, deberás esperar otras dos horas antes de poder comer. Por lo tanto, tu próxima comida grande debe ser el martes alrededor de las 6 u 8 pm .De miércoles a sábado, la regla de alimentación nocturna también se aplicará en consecuencia. Puedes tener tu día trampa una vez más cuando llegue el próximo domingo.

Con respecto a los días trampa, es crucial que sepas qué comer cuando se te da tanta libertad celestial. En estos días, los pasteles, los helados, los refrescos, las comidas rápidas, la comida chatarra o las carnes carbonizadas pueden ser atractivos, pero ¿realmente valen la pena? Bueno, considerando que sacrificaste probablemente la mayor parte de tu semana en nombre del ayuno, esos son más o menos buenos para comer (de todos modos, es un día trampa). ¡Te los mereces!

Sin embargo, será mucho mejor si te enfocas en comer los alimentos más saludables que ofrecen todos los nutrientes que te privaron durante los últimos días de lucha .Tu ayunaste, por lo que técnicamente no solo perdiste grasas; sino también algunos nutrientes esenciale se perdieron en el camino.Al menos, trata de comer muchas verduras, frutas, carnes magras y una cantidad saludable de grasas y carbohidratos antes de tomar las segundas opciones no tan saludables. Además, no olvides el hecho de que cualquier cosa tomada en exceso tiene los correspondientes efectos indeseables.

La dieta puede parecer muy complicada al principio, pero una vez que tu y tu cuerpo se acostumbren, descubrirán que en realidad es un plan de dieta gratificante.Además, tu cuerpo también podrá adaptarse con flexibilidad a los cambios a medida que cambia de un protocolo de dieta a otro para adaptarse a tu horario personal en constante cambio. Simplemente manténte en las dos partes importantes de la semana,osea, el día trampa y el período de ayuno de 36 horas; y deja que el resto de la semana te adaptes a cualquier plan de ayuno intermitente que decidas usar.

Parte II
Guía Completa Para El Ayuno Intermitente

Capítulo 6: Tomando Acción

Si ya sientes, a estas alturas, que estás listo para tomar acción y comenzar a implementar el ayuno intermitente en tu vida diaria, puedes considerar tomarlo con calma. Sin embargo, no es que estar emocionado sea malo. Es solo que, este es uno de esos puntos en tu vida en el que debes evitar que tu espíritu felizmente emocionado se apresure. ¿Por qué?

Mucha gente no se da cuenta de que el hecho de que ya hayas aprendido los conceptos básicos y fundamentales del ayuno intermitente no significa que estés completamente listo para aplicarlo en tu vida. Aquellos que fracasaron con sus planes de dieta probablemente pasaron por alto algo que de otra manera podría haber hecho exitoso su viaje de pérdida de peso: la preparación.

Leer sobre el ayuno es diferente de hacerlo realmente. Es más fácil decirlo que hacerlo. Por lo tanto, la preparación debe interponerse entre la lectura y la práctica. Y para ayudarte con tu preparación, puedes considerar el siguiente orden de pautas: autoevaluación, elegir un plan de dieta, comprender la importancia del ejercicio y aprender sobre los alimentos y líquidos en ayunas.

Evaluandote a ti mismo

Lo primero es lo primero: ¿estás listo? En el ayuno intermitente, estar listo no solo se refiere a la capacidad de tu cuerpo para someterse a períodos de ayuno; sino también se refiere a tu estado mental de preparación. Estar físicamente listo para el ayuno intermitente es generalmente fácil. El cuerpo humano puede durar hasta dos semanas sin comida. Entonces, la verdadera pregunta sería, ¿estás mentalmente preparado?

Debes evaluarte a tí mismo tan pronto como puedas porque si no estás mentalmente preparado, es probable que termines rompiendo tus reglas de ayuno, abandonando tus períodos de ayuno, ignorando tu dieta, cediendo a las tentaciones o, lo que es peor, perdiendo la motivación. La razón por la que necesitas evaluarte a tí mismo es que estarás sacrificando tiempo y esfuerzo en este asunto , y probablemente no quieras gastar cantidades significativas de estas dos cosas preciosas solo para descubrir que no deseas continuar con tu plan de dieta.

Sin embargo, si estás seguro de que estás listo para un cambio en tu estilo de vida y de que puedes soportar o soportar lo que pueda traer, entonces puedes esperar que todo lo que sigue después de esta primera etapa de preparación sea fácil para ti.

Elegir un plan de dieta

La peor parte de elegir un plan de dieta, especialmente si eres un principiante, es que no estás seguro de si tu plan elegido será exitoso o no; y que te toma al menos un mes antes de que puedas decir si tomaste la decisión correcta o no. La verdad es que cada tipo de plan de dieta de ayuno intermitente conlleva un riesgo de fracaso y que no existe un plan de dieta "perfecto" que pueda garantizar absolutamente la pérdida de peso o el aumento de masa muscular, ni siquiera entre los más destacados. enumerados en el capítulo anterior.

Sin embargo, existe una medida que puede ayudarte a minimizar el riesgo de fallar con un programa de dieta; lo llamaremos filtrado personal. El filtrado personal simplemente significa que tu filtras, entre las opciones que tienes, la que mejor se adapte a tus preferencias. Es un análisis previo a la implementación que identifica cuál de las opciones, antes de su implementación, podría proporcionar el resultado más positivo al examinar las características de cada opción disponible. La idea principal es eliminar tantas opciones como sea posible de las opciones que tienes hasta que encuentres, lo más preferiblemente, una opción que luego se considerará adecuada para ti.

Para demostrarlo, intentemos usar los tipos de ayuno intermitente que se dan en el capítulo anterior (excepto el protocolo 16: 8, ya que aún no se discutió a fondo). La primera pregunta eliminatoria debería ser, "¿cuál es tu objetivo?"¿Que sucede después? Ganancia muscular? ¿O perdida de peso? Suponiendo que persigue ambos, entonces eso ya elimina la dieta de pérdida de grasa para siempre de la lista, ya que está diseñada exclusivamente para perder peso. La siguiente pregunta sería: "¿cuánto ayuno puedes soportar?"La pregunta se puede responder como una cantidad de horas por día o una cantidad de días por semana. Supongamos que tu horario de trabajo solo permite el ayuno durante un máximo de dos días a la semana. Esto cancela La Dieta del Guerrero y el ayuno de días alternos de tus elecciones, ya que ambos requieren más de dos días de ayuno en una sola semana.

Ahora has reducido tus opciones en dos: la dieta 5: 2 y la dieta Come-Para-Come. El factor decisivo ahora debe basarse en las diferencias entre los dos. La dieta 5: 2 es más flexible que la dieta Come-Para-Come, ya que puedes ayunar durante dos días consecutivos y dos días no consecutivos. También es bueno si solo desea limitar su consumo durante los días de ayuno en lugar de abstenerte por completo. Además, va con un límite cuantificado (25% de tu ingesta diaria promedio de calorías), por lo que en caso de que sientas que va más allá del límite, puedes verificarlo a través del cálculo.

Come-Para-Come, por otro lado, se adapta mejor a los entusiastas de los deportes y el gimnasio, ya que dicho plan de dieta está hecho específicamente para ellos. Si estás muy dedicado al ayuno, esta también es una mejor opción, ya que el objetivo en cada día de ayuno es la abstinencia total. Ahora, suponiendo que seas un entusiasta de los deportes cuyo deseo de perder peso y ganar masa muscular esté en su apogeo, entonces tu elección final obviamente sería esta dieta.

Es importante recordar que el filtrado personal es simplemente una guía para ayudarte a elegir el plan de dieta más adecuado para ti. No garantiza el éxito, aunque se puede inferir que de alguna manera aumenta tus posibilidades de éxito, ya que a través de él, podrás elegir el programa de dieta que se puede implementar de acuerdo con su horario y necesidades.

Reconociendo el ejercicio como un factor importante para la pérdida de peso

Si tu objetivo final para usar el ayuno intermitente es perder libras, entonces, a partir de ahora, debes ver los ejercicios para perder peso como tu mejor amigo. Es cierto que el ayuno intermitente solo puede quemar las grasas y proporcionar resultados evidentes; pero combinándolo con el ejercicio adecuado, reducirás el tiempo de progreso casi a la mitad. Sí, con una orientación adecuada y una dedicación constante, estas actividades bastante agotadoras podrían acelerar los resultados.

Por supuesto, si eres nuevo en los planes de dieta y el ayuno intermitente, no tienes que hacer ejercicio físico de inmediato. Deja que tu cuerpo se adapte a los cambios primero y cuando sientas que ya lo ha hecho, puedes comenzar eligiendo qué conjunto de ejercicios es adecuado para su físico, tu resistencia y, lo más importante, tu programa de dieta.

Aprendiendo sobre alimentos y líquidos en ayunas

También es importante familiarizarse previamente con los alimentos y bebidas que puedes tomar durante los períodos de ayuno parcialmente restringidos. Esto se debe a que la mayoría de los planes de dieta en ayunos intermitentes permiten el consumo de porciones mínimas de alimentos durante las horas o días rápidos.En general, los alimentos que se consideran seguros durante el ayuno incluyen verduras y frutas, granos integrales, alimentos bajos en grasa y sodio.

Los líquidos, por otro lado, generalmente están más disponibles y más seguros durante los ayunos. El agua y los jugos frescos generalmente se recomiendan cuando estás en el ayuno intermitente. Los batidos de proteínas o sustitutos de comidas también se usan en algunas técnicas. También se recomienda tomar batidos, jugos y batidos compuestos de ingredientes ricos en nutrientes.

Si deseas conocer las opciones particulares que tienes, hay una lista provista en la última parte del libro que enumera los alimentos y líquidos específicos en ayunas que puedes consumir durante los períodos de ayuno parcialmente restringidos.

Debe enfatizarse que las medidas anteriores son meras pautas para maximizar los resultados potenciales de cualquier programa de pérdida de peso que decidas implementar en tu estilo de vida. No garantizan resultados perfectos. La única clave para asegurarte de que un plan de dieta proporcionará resultados deseables es el cumplimiento estricto. Honestamente, todos estos planes de dieta están programados para funcionar, pero a menos que los sigas correctamente, nunca podrás lograr resultados óptimos. Tentaciones y frustraciones ya te esperan en el momento en que das tu primer paso hacia tu viaje de pérdida de peso. Entonces, déjame hacerte la pregunta una vez más: ¿ estás listo?

Capítulo 7: El Protocolo Del Principiante

A estas alturas ya deberías haberse evaluado y también haber decidido que vas a acoger abiertamente el ayuno intermitente en tu vida: ¡ese es el espíritu! Y suponiendo que hayas terminado con el proceso de autoevaluación, pasemos al segundo paso, que es elegir el mejor tipo de plan de dieta intermitente basado en el ayuno.

Ya sea que seas nuevo exclusivamente en el ayuno intermitente o completamente nuevo en los planes de dieta en general, hay un tipo de ayuno intermitente que probablemente se adapte a tu estilo de vida actual y que solo incurrirá en pequeños cambios en tu vida diaria una vez implementado. Sin embargo, si no es ninguno de los dos, no te preocupes porque este plan de dieta también es adecuado para todos los demás , incluso si eres una persona sana de peso normal.El plan de dieta se llama método 16: 8.

Método 16: 8 - Cómo se hace

Como se explicó una vez en el capítulo 5, este plan de dieta fue presentado por el entrenador personal y experto en nutrición Martin Berkhan. Es un ayuno intermitente diario que se divide cada día en 16 horas de período de ayuno y 8 horas de período de alimentación normal o libre. El término original para este método era "método Leangains" como lo menciona Berkhan, pero el término "método 16: 8" se está volviendo cada vez más popular que el anterior. En este libro, también nos referiremos a él como el protocolo para principiantes.

Lo primero a tener en cuenta en el protocolo 16: 8 es en qué parte del día deben establecerse los períodos de ayuno y alimentación. Afortunadamente, existe una configuración "estándar" para ambos períodos, por lo que es posible que desees adoptarlo ya que ya ha sido probado por la mayoría de los seguidores del plan de dieta 16: 8. Bajo dicho ajuste, el período de ayuno de 16 horas se extiende desde las 8 p.m. Un día hasta las 12 p.m. O las 12 del mediodía del día siguiente. Esto significa que, en un solo día, solo puede comer de 12 p.m. a 8 p.m.

Tal configuración estandarizada no es realmente tan difícil de implementar. Ahora que lo pienso, una cena, digamos, a las 7:30 p.m. es un momento bastante apropiado teniendo en cuenta que probablemente esté en una dieta para perder grasa. No es demasiado temprano, lo que significa que tu cuerpo puede mantener el hambre antes de dormir; y tampoco es demasiado tarde, lo que significa que aún se puede esperar una digestión adecuada.

No hay restricciones con respecto a las comidas que puede tomar durante el período de ocho horas; por lo tanto, puedes comer comidas normales en porciones normales. Sin embargo, la mayoría de las personas que practican el método 16: 8 reduce la cantidad de comidas que toman en dos. Por lo general, se saltan el desayuno ya que el espacio para comer comienza a la hora del almuerzo. No obstante, puedes seguir tomando tres comidas de tamaño regular al día si lo desea, siempre que consumas las tres dentro del espacio para comer.

El horario simplemente se repite todos los días. Puedes esperar que tus primeros días o semanas sean pesadas, pero una vez que tu cuerpo se adapte al ciclo, se acostumbrará y, lo más importante, comenzará a notar el progreso.

Beneficios del método 16: 8

- **Mayores posibilidades de pérdida de grasa**

Dado que el metabolismo de tu cuerpo se vuelve más lento a medida que entra en el estado de sueño, naturalmente funciona más lento por la noche. Por lo tanto, todo lo que se consume más allá de las 8 p.m. a las 9 p.m., o en cualquier momento cerca de la hora de acostarse, probablemente no se quemará correctamente. Esta es la razón por la cual el método 16: 8 es la mejor opción cuando se trata de perder peso. Limita las posibilidades de que las calorías se almacenen como grasas al establecer la cena o la última comida del día , a una hora más temprana y segura.Y debido a que es muy probable que el cuerpo esté seguro de obtener un aumento no deseado de la masa grasa, será más fácil perder peso.

- **Retención masiva magra**

El peso corporal comprende dos composiciones principales, masa grasa y masa magra. Por lo tanto, cuando decimos "pérdida de peso", puede referirse a la pérdida de masa grasa o masa magra; pero la mayor parte del tiempo, ambas. Sin embargo, el resultado ideal es perder masa grasa pero no masa magra. La masa magra es importante ya que incluye la masa muscular que sin duda debe mantenerse tanto como sea posible para mantener la fuerza muscular en un nivel óptimo. Afortunadamente, el método 16: 8 promueve la retención de gran parte de la masa magra en el cuerpo en medio de una reducción significativa de la masa grasa.

- **Hambre controlada**

En el plan de dieta 16: 8, tu período de alimentación se reduce a un período de ocho horas. Esto eventualmente conduce a cambios en los antojos naturales de tu cuerpo. Por supuesto, no notarás el efecto en tus primeras semanas bajo el plan de dieta; pero si continúa comprometiéndose con el plan, tu cuerpo comenzará a "reprogramarse" y se acostumbrará a no sentir el hambre habitual y obstinadamente constante. Además, también te será más fácil quedarte satisfecho con las comidas.

- **Mejor respuesta a la insulina**

Una mejor respuesta a la insulina es un factor que contribuye tanto a la retención de masa magra como al hambre controlada mencionada anteriormente. Pero aparte de eso, también hace que los niveles de insulina sean más estables, por eso algunas de las personas con riesgo de diabetes tipo 2 siguen el método 16: 8.

- **Mejor función cerebral**

Si estás estresado por no poder pensar correctamente mientras estás en ayunas, entonces deja que el método 16: 8 te quite las preocupaciones .En tus primeros días con el método 16: 8, tu cerebro probablemente no funcionará bien, ya que todavía está tratando de adaptarse a ciertos cambios.Pero una vez que lo hayas hecho, notarás que tu mentalidad puede funcionar tan normalmente como podría antes del ayuno intermitente, o incluso mejor. Esto se debe a que tu cuerpo no está obligado a bombear gran cantidad de sangre a tu sistema digestivo cuando está en ayunas. Por lo tanto, puedes entregar más oxígeno a otras partes, incluido el cerebro.

Construyendo tu propio horario 16: 8

Para la mayoría de las personas, especialmente para los principiantes, se recomienda implementar una dieta de 16: 8 usando el horario estándar de 12 pm a 8 pm. Sin embargo, si tu horario personal no permite dicha configuración o si simplemente no deseas seguir la norma, puedes programar tu propio plan para que se ajuste a tu estilo de vida.

La primera pregunta que debes hacerte aquí es ¿cuál de las tres comidas principales será eliminada? La respuesta se basará en tu horario o vendrá de tu propia preferencia, aunque también debes considerar la importancia de cada comida para tu objetivo de pérdida de peso. Teniendo esto en cuenta, sería mejor que te saltes la cena. Sin embargo, si es imposible, tu segunda mejor opción sería eliminar el desayuno para asegurarte de que cualquier exceso en la ingesta de la cena todavía tenga tiempo para quemarse por la mañana. Es muy poco probable que se elimine el almuerzo, ya que las comidas que se consume a la hora del almuerzo se queman más o menos adecuadamente, independientemente de si estás bajo un plan de dieta o no.

Digamos, por ejemplo, que tu trabajo comienza a las 8 a.m. y termina a las 3 p.m., tu mejor opción sería saltarse la cena, ya que es la hora del día en que probablemente se realiza gran parte de tu trabajo, si no todo; por lo tanto, no hay actividad desencadenante del hambre. Saltarse el desayuno puede ser peligroso cuando eres un principiante completo del ayuno. Entonces, para tal situación, puede comenzar su ventana para comer a las 7:30 a.m. a 3:30 p.m. Dentro de esa ventana, puede desayunar a las 7:30 a.m. o a las 7:45 a.m., antes de ir a trabajar; y ten tu última comida exactamente a las 3 pm, después del trabajo o un poco más tarde a las 3:30 pm. La adición de una comida intermedia no es un gran problema aquí, por lo que puedes almorzar a las 11 a.m. o a las 12 p.m. y aún comer un poco más después del trabajo, siempre que estés cubierto por el espacio para comer.

Sin embargo, si puedes soportar una mañana sin desayuno incluso en el trabajo, puede mover el comienzo de tu espacio para comer de 11 a.m. a 12 p.m. o exactamente a la hora del almuerzo.Si tu pausa para el almuerzo comienza a las 11 a.m., entonces puede almorzar a las 11 a.m. y ajustar su última hora de comida a las 7 p.m., o en cualquier momento antes de eso. Si te acostumbras a esta configuración, descubrirá que en realidad es más fácil y mejor saltarse el desayuno, ya que puedes esperar un aumento en el enfoque y otras funciones cerebrales como se explicó anteriormente en los beneficios del método 16: 8.

Tu ventana para comer tampoco necesariamente tiene que ser un período completo de ocho horas. Puede reducirlo aún más en siete o cuatro horas. Sin embargo, esto solo es aconsejable si has estado utilizando el ayuno intermitente durante un largo período de tiempo. Si todavía estás comenzando a adaptarte al estilo de vida , se recomienda ceñirse a un período de ocho horas para comer

Días de trampa - ¿Hacer trampa o no hacer trampa?

El método 16: 8 no es una devoción religiosa, por lo que puedes comenzar a celebrar porque aparentemente, el día de trampa está permitido bajo este programa de dieta. Algunos de los seguidores del plan de dieta afirmaron que han logrado perder peso significativo, incluso si admitieron haber hecho trampa durante un par de días a la semana .El número más seguro de días de trampa que puede tener por semana es uno; pero no es una regla difícil y rápida, por lo que puedes tener tus días de trampa durante dos o tres días a la semana. Solo asegúrate de que la mayoría de los días de tu semana sigan el plan 16: 8, especialmente si realmente quieres perder peso.

Además, sería mejor no comer en exceso en tus días de trampa. Un día de trampa solo significa que puedes extender tu ventana para comer por más de ocho horas o simplemente puede romper el período de ayuno; pero no significa que deba comer muchos dulces y alimentos grasos cada hora. Siempre comer con moderación si se trata de un alimento saludable o no.El resultado del plan de dieta 16: 8 depende en gran medida de ti, así que siempre considera eso.

Personas famosas con la dieta 16/8

El actor Hugh Jackman, conocido principalmente por interpretar el papel de Wolverine en las películas de X-men , es una de las figuras más destacadas de Hollywood hasta la fecha.El actor siempre ha sido un centro de interés para los expertos en dietas y las revistas de fitness por su físico desgarrado, Wolverine, que Jackman afirma con orgullo que es el resultado de su programa de dietas 16: 8. Al menos ahora sabe que el secreto del tamaño y la fuerza de Wolverine no se encuentra en sus genes mutantes, sino en la dieta 16: 8.

Otro actor popular que usa un plan de dieta 16: 8 es Terry Crews. Explicó que su espacio para comer va de las 2 p.m. a las 10 p.m. y que ayuna por el resto del día. Tampoco come alimentos, incluso cantidades mínimas durante los ayunos, aunque bebe café o té durante esos períodos. Según Crews, el único problema con el método 16: 8 es que no desea una "mala comida" para su período de alimentación porque nadie espera 16 horas para terminar comiendo una mala comida.

David Kingsburry, entrenador de algunas celebridades como Chris Hemsworth, Michael Fassbender y Jennifer Lawrence, también promueve el plan de dieta 16: 8 porque, aparte de su efectividad, el horario, como dijo Kingsburry, puede encajar fácilmente en el estilo de vida de una persona.

Capítulo 8: La Guía Complementaria

Después de elegir el plan de dieta de ayuno intermitente, las pautas establecen que las siguientes dos cosas a considerar serían : aprender sobre el ejercicio y familiarizarse con los alimentos y líquidos en ayunas. Lo primero que debes saber sobre estos dos es que ambos son factores complementarios para el ayuno intermitente y están destinados a ayudarte a maximizar los resultados.

Guia de ejercicios

Lo que es mejor que adquirir el beneficio de pérdida de peso del protocolo para principiantes es maximizar la retención de masa magra que tienes. Sería más fácil ganar masa muscular bajo el plan de dieta, ya que, como se mencionó anteriormente , gran parte de la masa magra se retiene a pesar de la pérdida de peso. Pero si solo estás atrás de la pérdida de peso, entonces eso está igualmente bien. En cualquier caso, es importante que utilice tu espacio de ayuno de 16 horas para que muchas cosas positivas puedan suceder dentro de ese período de tiempo.

El momento ideal para aplicar ejercicios de pérdida de peso mientras estás en ayunas intermitente sería durante el período de ayuno, más preferiblemente en la mañana. Teniendo en cuenta que te saltas los desayunos durante tus ayunos de 16 horas, un ejercicio completo en la mañana puede quemar una cantidad significativa de grasas en tu cuerpo. A continuación se incluye una lista de algunos de los ejercicios bien conocidos que puedes hacer todas las mañanas, para ayudar a acelerar el proceso de quema de grasa y mantener su progreso de pérdida de peso:

- Sentadillas
- Estocadas (incluidas las estocadas explosivas)
- Kettlebell Swings
- Tabata Taladro
- Doble salto
- Ejercicios de peso corporal
- Burpees
- Alpinistas

- Saltar la cuerda

Guía de entrenamiento

Las pautas para el entrenamiento de fuerza y los entrenamientos musculares son esencialmente más estrictas que los ejercicios para bajar de peso. Esto se debe a que en el último, el único objetivo es perder peso, mientras que en el primero, el objetivo es ganar masa muscular y perder peso al mismo tiempo.

El entrenamiento se puede hacer ya sea durante un período de ayuno o dentro de un espacio para comer. Si no puedes comprometerte a un entrenamiento en ayunas, entonces sería más apropiado si entrenas o haces ejercicio en el medio de tu espacio para comer. En tal caso, debe asegurar tres comidas dentro de tu ventana de alimentación para respaldar tu sistema.

Para ilustrarlo, supongamos, que adoptaste el programa estándar 16: 8. Esto significa que su entrenamiento debe estar dentro de la ventana para comer, de 12 p.m. a 8 p.m. Tu almuerzo a las 12 del mediodía servirá como tu comida pre-entrenamiento. Debes comprender el 20-25% de tu consumo diario de calorías. Después de eso, tu entrenamiento debe establecerse alrededor de las 3:30 a 4:00 pm (es importante que el entrenamiento se establezca al menos una hora después de la comida previa al entrenamiento). Suponiendo que el entrenamiento dura una hora, tu comida posterior al entrenamiento debe ser alrededor de las 4:30 a 5:00 p.m. Tu comida posterior al entrenamiento siempre debe ser la comida más grande. Luego debes comer tu cena o la última comida del día a las 7:00 p.m. o a las 8:00 p.m. para ayudarte a mantener el siguiente período de ayuno.

También es posible que tomes dos comidas antes del entrenamiento antes de hacer ejercicio. Usemos uno de los ejemplos que tuvimos el último capítulo (espacio de comer a las 7:30 a.m. a 3:30 p.m.) para la demostración. Tu desayuno a las 7:30 am te debe servir como tu primera comida pre-entrenamiento. Tu próxima comida, digamos a las 11:30 a.m., debería ser tu segunda comida antes del entrenamiento. Cada una de tus comidas previas al entrenamiento debe consistir en 20-25% de tu consumo diario de calorías. Contando unas pocas horas desde tu segunda comida pre-entrenamiento, puedes comenzar tu entrenamiento a las 2:30 pm. Suponiendo nuevamente que tu entrenamiento dura solo una hora, tu post-entrenamiento y la última comida del día deben tomarse exactamente a las 3:30 pm.

Ahora, para el entrenamiento en ayunas, primero debe familiarizarte con los aminoácidos de cadena ramificada o BCAA. Estos son aminoácidos generalmente tomados, en forma de tabletas o polvo, para estimular la síntesis de proteínas, especialmente durante los entrenamientos. La síntesis de proteínas es esencial para el crecimiento muscular y su estimulación sirve como defensa contra la degradación de proteínas.

Para un día de entrenamiento, se recomienda que prepares tres tabletas de BCAA de 10 gramos o un polvo de BCAA de 30 gramos. Los suplementos de BCAA serán utilizados en una parte de tu período de ayuno. Debes tomar una tableta de BCAA de 10 gramos después de tu entrenamiento previo. Luego, puedes continuar con tu entrenamiento. Toma otra tableta una hora después de tu entrenamiento y tome la última dos horas después de tu última ingesta. Si vas a usar el polvo, simplemente mézclalo en un batido o en una bebida y divide la bebida entera en tres porciones iguales.

Para demostrar que usas el horario estándar, si te despierta a las 6 am, te tomarás tu primera tableta después de un entrenamiento previo de cinco a quince minutos. Tu entrenamiento comenzará a las 7 a.m. y finalizará a las 8 a.m., suponiendo que sea un entrenamiento de una hora. Tomarás la segunda tableta alrededor de las 8 a.m., justo después del entrenamiento. La última tableta se tomará a las 10 am, dos horas después de la última ingesta.

Tu almuerzo a las 12 p.m. debe servir como tu comida después del entrenamiento; por lo tanto, la comida más grande del día. Tu cena o última comida normalmente debe tomarse a las 8 pm. Depende de si deseas comer entre comidas. Si te comprometes con esta estrategia, tu cuerpo ganará más fuerza muscular y solo perderá masa grasa en el proceso.

Guía de alimentos y líquidos en ayunas específicos para la dieta 16: 8

No hay alimentos en ayunas que estén etiquetados como seguros para ser consumidos durante el período de 16 horas. Para ser honesto, el período de ayuno en el protocolo para principiantes no es una gran carga si lo comparas con otros períodos de ayuno ; como el ayuno de 20 horas en la dieta del gerrero o el ayuno de dos días con la dieta 5: 2. Por lo tanto, los alimentos en ayunas no son realmente una necesidad fundamental. Y los únicos medios disponibles para aliviar tu lucha de 16 horas son los alimentos y los líquidos en ayunas.

Los alimentos son buenas para las personas que a menudo confunden el aburrimiento con el hambre. Si estás aburrido y sientes que la única respuesta es la comida, entonces intenta masticar un chicle. A veces, no estás realmente ansioso por una comida, sino que solo quieres masticar algo en tu boca. Sin embargo, el chicle al que se hace referencia en esta guía es un chicle sin azúcar. Los edulcorantes en las gomas de mascar regulares solo romperán tu ayuno, por lo que debes evitarlos.

En términos de líquidos en ayunas, puede beber agua si lo deseas. De hecho, debes beber mucho durante el ayuno. No sólo mejora tu metabolismo, sino que también ayuda a suprimir el hambre. El agua de desintoxicación también se cuenta y en realidad es más preferible. Intenta agregar una hoja de menta o una rodaja de limón a cada vaso para obtener mejores y más refrescantes efectos.

El café negro y el té verde también pueden salvarte de tus problemas de ayuno, especialmente durante la mañana. Pueden ayudar a aumentar el proceso de quema de grasa y retrasar el hambre. Sin embargo, estas bebidas no deben venir con grandes cantidades de leche y azúcar.

Ten en cuenta que todo esto se aplica específicamente solo al protocolo de dieta 16: 8. Algunos planes de dieta no permiten la mayoría o la totalidad de los alimentos y bebidas mencionados anteriormente, mientras que otros permiten una gama más amplia de opciones. Si deseas obtener más información sobre los alimentos y líquidos en ayunas generales que están permitidos en la mayoría de los planes de dieta intermitentes basados en el ayuno, puedes consultar la lista provista en el próximo capítulo.

Parte III
Sección Complementaria

Capítulo 9: Alimentos Y Líquidos En Ayunas

Al contrario del ayuno tradicional que se refiere a la abstinencia absoluta de alimentos y líquidos, el ayuno intermitente se refiere a un período en el que el consumo se limita solo a algunas especificaciones de ayuno. Los límites entre los planes de dieta varían ligeramente según el tipo de ayuno intermitente que hayas elegido seguir.Sin embargo, hay alimentos y líquidos específicos que generalmente están presentes y permitidos en casi cualquier tipo de plan de dieta.

Frutas y vegetales

El tándem siempre encabeza casi cualquier lista de alimentos ideales que se deben comer para una vida más saludable. Obviamente, esto se debe a que las frutas y verduras son fuentes legítimas de vitaminas y minerales. Además, son naturalmente ricos en antioxidantes. Puede comer una porción o dos de una ensalada de frutas o ensalada de verduras durante tu período de ayuno parcialmente restringido. O simplemente puedes comer directamente una fruta o verdura cruda para mayor comodidad. A continuación se muestra una lista de las frutas más recomendadas que puedes consumir durante el período de ayuno s:

- Manzanas verdes
- Fresas
- Naranjas
- Moras
- Arándanos
- Pomelo
- Papaya
- Melones
- Pasas
- Albaricoques
- Guayaba

En términos generales, cualquier vegetal, siempre que no esté enlatado, es bastante bueno durante los períodos de ayuno. Sin embargo, hay verduras que contienen una combinación particular de nutrientes aptos para el estómago vacío; por lo tanto, perfecto para períodos de ayuno. Algunas de estas verduras son:

- Espinacas
- Hojas De Mostaza
- Coliflor
- Coles De Bruselas
- Los Tomates
- Col Rizada
- Lechuga
- Brócoli
- Repollo
- Bok Choy
- Acelgas

Ten en cuenta que las frutas y verduras disponibles apropiadas para tus períodos de ayuno no se limitan a las listas que figuran arriba. Esos solo enumeran los más recomendados, ya que contienen las vitaminas y minerales que tu cuerpo necesita especialmente durante el estado de ayuno. Tienes varias opciones más además de las incluidas en la lista.

Nueces

En algunas variantes de ayuno intermitente , los alimentos que contienen grasas pueden, e incluso se sugieren, consumirse durante los períodos de ayuno. Por lo tanto, para asegurarte de que estás consumiendo las grasas saludables, puedes optar por las nueces .Las nueces contienen grasas monoinsaturadas y poliinsaturadas. Estas grasas también se conocen como las grasas buenas.

Las grasas buenas son "buenas" porque ayudan a reducir el riesgo de accidente cerebrovascular y otras enfermedades del corazón y también ayudan a reducir los niveles de colesterol. Además, también contienen ácidos grasos omega-3 , fibra, L-arginina y vitamina E, todos los cuales son conocidos por ser sustancias amigables para el corazón. A continuación se enumeran las nueces más saludables que puedes comer durante el período de ayuno:

- Nueces De Brasil
- Nueces De Macadamia
- Anacardos
- Nueces Pecanas
- Piñones

- Nueces
- Almendras
- Castañas
- Pistachos

Por supuesto, las nueces durante los períodos de ayuno deben limitarse de acuerdo con lo que permita tu plan de dieta específico. La razón principal por la que están bien para comer durante el estado de ayuno es porque satisfacen al cuerpo casi de la misma manera que lo hacen las carnes. Por lo tanto, de alguna manera pueden extender la resistencia de tu cuerpo al hambre. Sus beneficios, especialmente para el corazón, también se consideran un factor contribuyente.

Sopas

Si desea pasar tu período de ayuno comiendo algo con un sabor a carne pero tu plan de dieta solo permite líquidos, entonces la mejor opción que tienes es una sopa. Las sopas son fácilmente digeridas por el cuerpo, por lo que se pueden tomar de forma segura sin preocuparse por romper el ayuno. El número ideal de porciones para una sopa durante un período de ayuno es uno; pero tomar dos tazones no dañará tu ayuno. Intenta limitar la ingesta de sopa solo hasta dos porciones por período de ayuno. Para nombrar algunas sopas amigables con la dieta, tenemos:

- Caldo De Verduras
- Sopa De Espinacas Y Alcachofas
- Guiso De Marruecos
- Sopa De Elote
- Minestrone De Frijoles Negros
- Sopa De Lentejas Y Vegetales
- Sopa De Zanahoria Y Jengibre

Batidos de proteínas y sustitutos de comidas

Los primeros en la lista de líquidos en ayunas son los batidos de proteínas y sustitutos de comidas. Los batidos de proteínas son batidos con sabor que contienen grandes cantidades de proteínas buenas para entrenar. Los batidos de reemplazo de comidas, por otro lado, contienen sustancias casi similares, excepto que tienen un menor contenido de proteínas, pero un mayor contenido calórico que los batidos de proteínas.

Si los períodos de ayuno bajo tu plan de dieta específico limitan las comidas a un cierto número de calorías por día, será mejor que sustituyas tu comida con un batido de reemplazo de comida. Los batidos de reemplazo de comidas tienen cantidades de calorías cuantificables (por ejemplo, 400 calorías por vaso), por lo que te será más fácil rastrear tu consumo de calorías durante los períodos de ayuno.

Si te gusta más entrenar durante tus días de ayuno, optar por batidos de proteínas es una buena idea. Un batido de proteínas, con su contenido masivo de proteínas, puede ayudar a fortalecer la fuerza muscular durante y después del entrenamiento.Además, medir la ingesta de calorías con batidos de proteínas también es fácil.

Agua Detox

Puedes beber agua de desintoxicación de manera segura bajo cualquier plan de ayuno intermitente. El agua de desintoxicación es simplemente un agua simple con un poco de agentes "desintoxicantes", como hojas de menta, rodajas de naranja o palitos de canela.Y dado que combina el beneficio de limpieza del agua y las propiedades desintoxicantes y quemagrasas de hierbas o frutas, en un solo vaso, es una opción mucho mejor que beber agua pura. Tienes que limpiarte y desintoxicarte al mismo tiempo.

Jugos y batidos frescos

Hacer un batido o jugo de frutas o verduras es una práctica común entre las personas que no pueden soportar un período de ayuno sin tomar una bebida refrescante con sabor. No hay especificaciones sobre qué sabores de jugos y licuados se deben beber. Siempre y cuando un jugo, esté hecho de frutas y verduras frescas, crudas y orgánicas, un vaso o dos de la bebida está perfectamente bien.

Cafés y Tés

Los tés son más flexibles en ayunas que los cafés. Puedes beber una taza de té de jazmín, té verde o cualquier té durante los períodos de ayuno. Los tés contienen pocas calorías y no descarrilarán tu protocolo de ayuno. También se pueden servir calientes o fríos, pero la mayoría prefiere un té caliente.

Por otro lado, solo se permiten cafés negros durante los períodos de ayuno. También se

Ayuno Intermitente

recomienda no comprar cafés en cafeterías, ya que contienen aproximadamente una cantidad excesiva de edulcorantes artificiales y cremas altas en grasa. Si deseas agregar algo de azúcar a tu té o café, puedes hacerlo siempre que lo limites a cantidades reguladas.

Capítulo 10: Recetas Para Los Hambrientos

Tu y todos los demás que siguen cualquier tipo de ayuno intermitente siempre tendrán algo en común: estarán hambrientos unos minutos antes de que comience el espacio para comer.¿Y sabes qué es mejor que poder comer después de un largo período de hambre? Los alimentos, por si mismos.

Tus primeras y últimas comidas (o tal vez cualquier comida dentro del espacio para comer) son considerablemente preciosas para ti, por eso realmente no hay espacio para, como lo llama Terry Crews, una "mala comida". Por lo tanto, considera recompensarte cada vez que sobrevivas a un período de ayuno y sirve algunas de las mejores recetas que descubrirás en esta sección.

Ensalada Mexicana de Atún Fresco

Es una receta de atún inspirada en el Pico de Gallo que combina atún lleno de proteínas con verduras frescas. Es bajo en grasas y carbohidratos, por lo que puedes comer más porciones de esta receta durante tu espacio de alimentación.¡Es también una buena comida post-entrenamiento!

Ingredientes:

- 2 tomates grandes (picados)
- 1 cebolla roja grande (picada)
- 1 manojo de perejil chino (picado)
- 1 lata de 400 gramos de atún (copos, preferiblemente)
- 1 Perejil Chino

Cantidad de porciones:

2 cuencos

Preparación:

Para deshacerse del sabor posterior de las cebollas, coloca la cebolla picada en un tazón y espolvoree sal sobre ella .Vierte una taza de agua en el tazón o hasta que las cebollas saladas estén cubiertas de agua.Déjalas reposar durante media hora o hasta que las cebollas se hayan empapado. Luego, drena las cebollas y enjuague con agua corriente para eliminar el exceso de sal.

En un tazón grande, mezcla los tomates picados, el perejil chino y la cebolla. Exprime un trozo de lima sobre la mezcla. Escurre la lata de atún y combina los copos con las verduras. Mezcla suavemente los ingredientes y sirve.

Panes Planos a la Parrilla

Comer pizza mientras está bajo un plan de dieta puede sonar como un pecado imperdonable, pero si es una pizza en forma de panes planos asados, entonces está totalmente bien. La receta es una merienda ideal para empacar tu cuerpo privado de calorías con algunas calorías y proteínas después de un período de ayuno. Además, esto proporciona porciones controladas, por lo que no hay nada de qué preocuparse por comer en exceso.

Ingredientes:

- 2 panes planos
- 12 onzas de pechuga de pollo (sin hueso y sin piel)
- 2 rebanadas de tocino canadiense picado
- 1 taza de cebollas rojas en rodajas

- 1 taza de pimiento en rodajas (amarillo o rojo)
- 1 cucharada. jugo de piña fresco
- 1/4 de taza de cositas de piña picada
- 1/4 de taza de salsa de barbacoa *
- 1/4 de taza de queso rallado
- una pizca de pimienta negra

Cantidad de porciones:

4 rebanadas

Preparación:

Precalienta la parrilla a 500 ° F. En una bandeja de parrilla, coloca las cebollas y los pimientos en rodajas y luego espolvorea un poco de pimienta. Cubre la pechuga de pollo con aceite en aerosol. Trae el pollo y las cebollas y la campana de pimientos a la parrilla. Cocina cada lado del pollo durante tres o cuatro minutos o hasta que el interior alcance 165 ° F. Retira las verduras y el pollo de la parrilla y luego reduce el fuego a 400 ° F.

Transfiere el pollo a una tabla de cortar y córtalo en tiras o trozos pequeños. En una licuadora, agrega el jugo de piña y la salsa de barbacoa y pulsa hasta que la combinación forme una salsa espesa.

Coloca los panes planos en una piedra o pantalla de pizza. Extiende media taza de la salsa en cada pan plano y cubre con los cortes de pollo, tocino canadiense, queso rallado, cebollas y pimientos asados, y cositas de piña; luego colocalo en la parrilla. Cierra la tapa y espera unos 10 minutos para cocinar, o hasta que el queso se derrita.

Retíralo del calor. Deja que el pan plano se enfríe por un tiempo antes de cortarlo; luego sirve.

Spaghetti a la Carbonara bajo en grasa

Si eres un amante de la pasta, aquí hay una receta simple para ti. Esto está hecho especialmente para personas que se dedican tanto a un plan de dieta que creen que tienen prohibido comer platos como el Spaghetti a la Carbonara. Pero lo más importante, esto está hecho para complementar los planes de dieta baja en grasas.

Ingredientes:

- 150 gramos de pasta

- 1 pechuga de pollo sin piel (picada)
- 4 rebanadas de tocino magro de corte corto
- 2 dientes de ajo (machacados)
- 1/2 cebolla (en rodajas)
- 2 cebolletas (en rodajas)
- 1 cucharada. aceite de oliva
- pimienta molida
- 3/4 de taza de leche evaporada ligera

Cantidad de porciones:

2 platos

Preparación:

Cocina la pasta según las instrucciones; luego escurrir y reservar.

Precaliente una sartén antiadherente a fuego medio. Agrega un poco de aceite de oliva en la sartén y cocina el tocino hasta que esté crujiente. Una vez que el tocino esté crujiente, déjalo a un lado. Agrega un poco de aceite de oliva nuevamente en la misma sartén y luego cocina la cebolla a fuego lento hasta que esté suave. Pon la cebolla a un lado junto con el tocino.

Agrega el aceite de oliva restante en la sartén, gira a fuego medio y cocina la pechuga de pollo durante unos cuatro o cinco minutos, hasta que esté semi cocida. Luego, baja un poco el fuego y agrega el tocino y la cebolla al pollo, y luego agrega el ajo. Vierte la leche evaporada y luego sazona con pimienta al gusto.

Revuelve la salsa ocasionalmente mientras se calienta. Una vez que la salsa burbujee, baja aún más el fuego y agrega la pasta cocida. Cuando la salsa se convierta en una consistencia ligeramente espesa, apaga el fuego. Agrega las cebolletas cortadas en rodajas y luego sirve.

Batido de té verde Powerhouse

No hay forma de que no busques un descanso refrescante después de una lucha acalorada con tu período de ayuno. Y uno de los mejores refrescos disponibles para un observador consciente de peso es esta receta de batido rico en antioxidantes. Combina todas las vitaminas que tu cuerpo seguramente necesitaría después de un espacio en ayunas y agrega un paquete de proteínas a eso, ¡voi la! Un licuado de té verde.

Ingredientes:

- 1 bolsa de té verde
- ½ banana mediana
- 1½ arándanos congelados
- ¾ leche de soya ligera de vainilla
- 3 cucharadas agua
- 2 cucharaditas miel

Cantidad de porciones:

1 vaso

Preparación:

Pon agua en un tazón pequeño y metela al vapor o microondas. Una vez que esté bien caliente, agrega la bolsita de té y déjalo reposar durante tres a cinco minutos. Retira la bolsa de té después. Agrega miel y revuelve la mezcla. En una licuadora, combina la mezcla de té, arándanos y leche de soja. Mezcla en la configuración más alta. Transfiee el batido a un vaso y sirve.

Galletas de chocolate y almendras repletas de proteínas

La hora del postre siempre es más divertida cuando no estás ansioso por tu peso y salud. Estas galletas llevarán tus juegos de dieta de proteínas al siguiente nivel. Imagina poder disfrutar de una deliciosa galleta y al mismo tiempo obtener una dosis de proteína en cada bocado .Es una situación de ganar-ganar, ¿no?

Ingredientes:

- 1/4 taza de proteína en polvo sin sabor
- 2 cuadrados de chocolate negro picado (20 gramos)
- 1/4 taza de almendras (molidas)
- 3 cucharadas mantequilla de almendras
- 1/4 taza de leche de almendras
- 1 cucharadita aceite de coco
- 2 cucharaditas azúcar de coco

Cantidad de porciones:

5 galletas

Preparacion:

Precalienta el horno a 350 ° F. Mezcla polvo de proteína, almendras, azúcar de coco, mantequilla de almendras, leche de almendras y aceite de coco para hacer una masa. Una vez mezclado, agregua chocolate negro. Enrolla la masa en bolas pequeñas y colócalas en una bandeja forrada con papel pergamino. Aplana las bolas con una cuchara o con los dedos.

Coloca en el horno y hornea por alrededor de 10 a 12 minutos o hasta que esté dorado. Retira del horno. Deja que las galletas descansen para endurecerse (y para evitar que se desmoronen). Sirve una vez completamente enfriado.

Conclusión

Quizás, durante los últimos siglos, las personas no han encontrado el método ideal para perder peso porque nos centramos únicamente en la idea de que lo que hace que una persona sea poco saludable o tenga sobrepeso es el tipo de alimentos que come. Aunque es legítimamente cierto, hasta cierto punto; no es suficiente que debamos centrarnos solo en una sola idea y dejar de poner nuestros esfuerzos para descubrir más desde una perspectiva diferente.

Afortunadamente, se descubrió el ayuno intermitente justo en el período en que casi todos ya nos estamos rindiendo con nuestros planes de dieta fallidos, traídos por nuestras decisiones desesperadas, ¡muchas gracias a los fundadores del método!

Y después de leer todos los capítulos de este libro , probablemente hayas aprendido los puntos importantes sobre el ayuno intermitente. Descubriste el método y aprendiste sobre la ciencia que, aunque los investigadores de todo el mundo todavía lo prueban, respalda gran parte del concepto de la técnica de la dieta.

También aprendiste sobre los beneficios del ayuno intermitente no solo para tu peso sino también para tu salud en general; desde tus niveles de insulina hasta tu función cerebral. Y, sobre todo, el método sirve como un sustituto más seguro e incluso mejor de otros planes de dieta, ya que ha demostrado su propósito como una forma más saludable de perder peso y una mayor ayuda para ganar masa muscular y fuerza.

Ahora también sabes que hay un conjunto de opciones entre las que puedes elegir el tipo de ayuno intermitente que mejor se adapte a tu estilo de vida y necesidades. Y si no puedes decidir cuál de las opciones elegir, siempre puedes volver a la guía completa del libro para principiantes.

En este punto, ya tienes todo lo que necesitas aprender para poder comenzar tu propio viaje hacia una pérdida de peso saludable. Recuerda siempre que, independientemente del tipo de plan de dieta que implementes, el resultado siempre dependerá de tu esfuerzo y, lo más importante, de tu dedicación. Por lo tanto, no solo hagas el proceso, ¡comprométete con él!

www.ingramcontent.com/pod-product-compliance
Lightning Source LLC
Chambersburg PA
CBHW052101110526
44591CB00013B/2304